目次
CONTENTS

話し方が変わる！ 母音ではきはき
大人の「滑舌」改善ドリル
5音×1日3分で表情・脳・口腔内を活性化！

第1章 声を出す基本

第2章 身近なことばを母音でクリアに

第3章 本格母音トレーニング

第4章　日常シーンで母音トレーニング

母音トレーニングスタート

日本語の母音はアイウエオの5つです。
ここに子音がつくと様々な音になります。
（例 kがつくとカキクケコ、rがつくとラリルレロ等）
母音をクリアに響かせられると、子音をつけても言いやすくなり、
聞き取りやすくもなります。
滑舌のベースとなる母音を磨いていきましょう。

母音で練習することを、私は母音トレーニングと言っています。
頭と同時に体の筋肉を使って音を作り声を出しているので、
スポーツと共通する部分が多いからです。

頭でわかっただけで終わりにするのではなく、
必ず声に出して母音トレーニングしてくださいね。
小さくても自分なりの発見と工夫を重ねて楽しんで。
そして、他人と比べるのではなく、自分の中の今日の一番を目指して
小さな一歩一歩を踏みだしていると、いつのまにか大きく上達しています。
さあ、ご一緒に母音トレーニングスタートです！

第1章

声を出す基本

声を出すことで母音が響きます。母音が響いた声が相手にスッととどくことで聞き取りやすくなります。ラクに声を出して母音を響かせられるよう、声を出す基本を3つのステップで身につけましょう。

1 お腹の呼吸でとどく声

キーワードは「楽」。ラクに楽しく！ムリに頑張らなくても相手に声がとどけば楽しさアップ。楽しい気持ちで声の響きがアップ･･･と良い循環に。ラクに声をとどけるために、お腹の呼吸から練習開始！

2 顎から口を開けて動かして

口の中などの空洞に音が響き、聞き取りやすい声となって伝わっていきます。楽器のようですね。自分の体を上手に使って、顎から口を開けて音を響かせ声をとどけましょう。

3 5つの音の違いをクリアに出す

母音トレーニングで大切なのは、5つの母音の違いがわかるようにはっきり言えること。呼吸や口の開きによって聞こえてくる音が変わることもチェック。自身の発音を見直してトレーニング効果アップを！

声のためのお腹の呼吸

声は、呼吸の吐く息を使って出しているため、ゆとりのある大きな呼吸ができると、ラクに相手に声をとどけることができます。このとき上手に母音を響かせることで、通る声としてことばが相手の耳にスッと入っていきます。

姿勢と視線は大事

うつむいて視線を落としたまま話していては、声を出すための空気の通り道が曲がったり圧迫されたりして、声を出しづらくなってしまいます。口の開きや動きが悪くなり、ボソボソと暗い話し方にもなってしまいます。体の余分な力を抜いて背筋を伸ばし、視線は上げましょう。声は、視線の方向へとどいていきます。

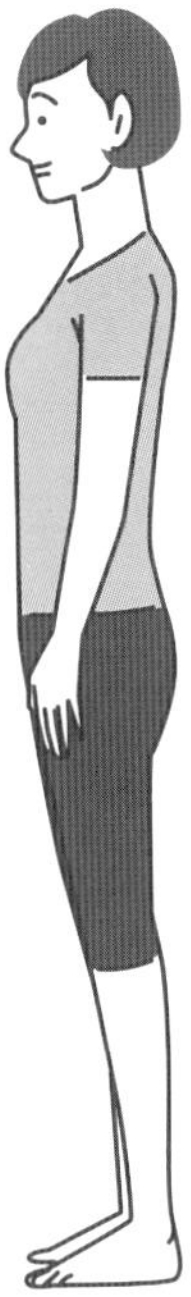

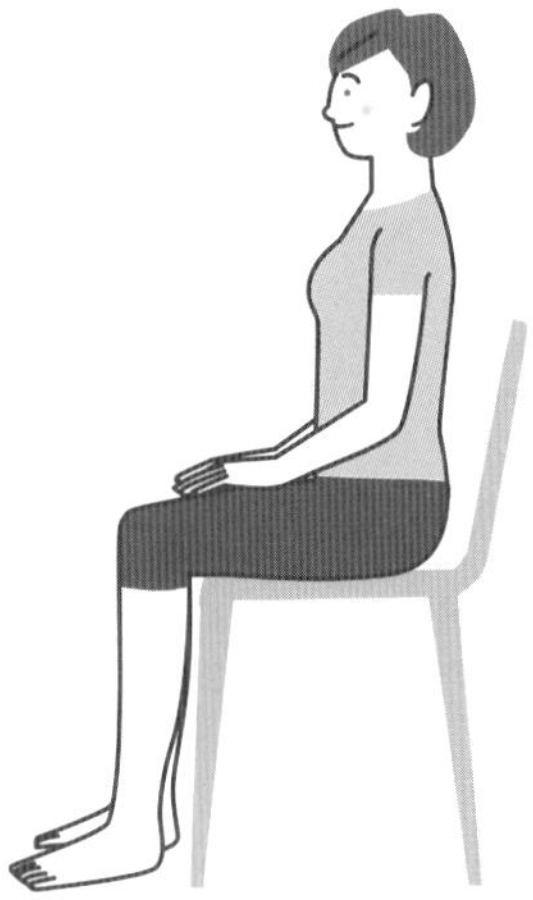

ゆったり大きな腹式呼吸

母音を響かせて相手の耳にスッととどけられるように、ゆったり大きく安定した呼吸ができる「腹式呼吸」を身につけましょう。気持ちを落ち着かせて、緊張場面でも揺らがない声を出せるようになります。

やってみよう

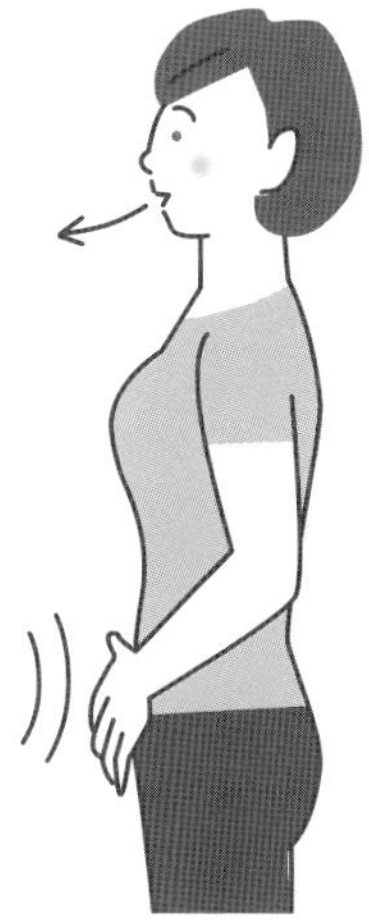

①約10秒で細く長く口から息を吐く。お腹がへこむ。

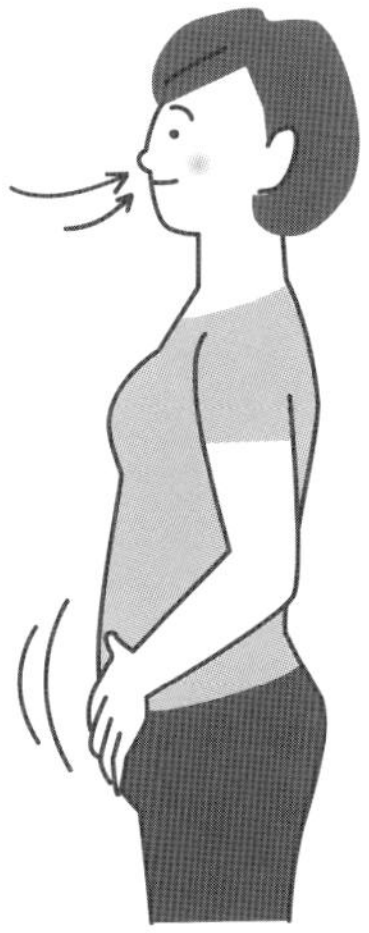

②約3秒で鼻から息を吸う。お腹が膨らむ。

★視線は前へ。優しい気持ちで、体の余分な力を抜いて行いましょう。

★呼吸に合わせて肩が上下したり、胸を張ったり背中を丸めたりしないように気をつけましょう。

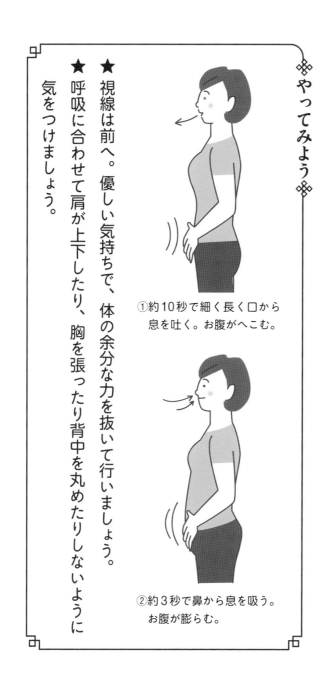

ラクに声をとどけよう

母音がはっきり聞こえるようにするには、声が出ていることが大切です。ゆったり大きなお腹の呼吸で、ラクに声を出してみましょう。

まずは日常の動作でリラックスして声を出す感じを思い出しましょう。

ゆったり力を出して大あくび▼体中の余分な力を抜いて、遠慮なく大きな口と大きな声でア――――と大あくびをしましょう。

大笑いで明るい声を響かせる▼リラックスしたまま、顔中が口になるぐらい大きく縦に口を開けて、アハハ……と明るい大笑いをどうぞ！

ラクに声を出そう

頑張って大声を出さなくてはと思うと、気付かぬうちに口周りや体に余分な力が入ってしまい、呼吸や声帯の動きなどを妨げて思うように声が出なくなってしまいます。焦ると力が入ってますます声が出なくなるという悪循環に陥ってしまうので、頑張って力を入れるのではなく、口周りや体の余分な力を抜いてラクに声を出しましょう。

リラックスして、口を縦に大きくあけて思い切りあくびをア――――

お腹で息を吸って大きな口を開けて楽しくアハハハ

❖やってみよう❖

腹式呼吸でゆったり大きく息を吸ったら、アーと息が続く限り長く声を出してみよう。

★顎を下げて口を縦に開けてみると、音の響きが増すのがわかりますか？　口の中などの空洞に音がよく響いているのです。この感覚を覚えておいてくださいね。

★力まないように、少し遠くに好きな人を想像して、その人にとどけるように声を出してみましょう。頑張らなくても声が大きくなりましたね。

声をとどけよう

声を出すときは、5メートルぐらい先の人へ声をとどけるイメージを持ちましょう。会話をするときも大勢の人前で話すときにも、相手にことばをとどけるイメージをもって声を出すことで、声の出しやすさや、ことばの伝わりやすさが変わってきます。母音トレーニングのときから、「自分一人で頑張る」のではなく「声を相手にとどける」意識を持ちます。

ゆったり大きな腹式呼吸でたっぷり息を吸ったら、口周りや体に余分な力が入らないように気をつけて、ラクに声をとどけましょう。

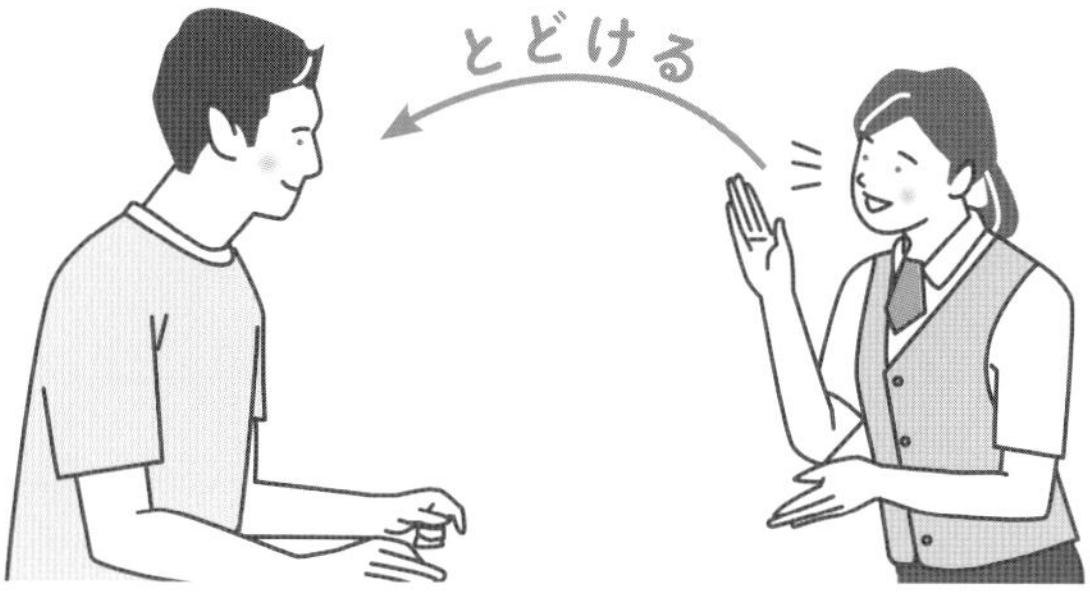

5つの母音を響かせる

声は、喉のあたりにある声帯という器官で作られた音が、口の中などの空洞に響くことで聞こえてきます。このため、５つの母音がはっきり聞こえるようにするには、それぞれの母音が適切に響くように口を開けて動かすことが大切です。唇だけを動かして口を開けるのではなく、顎から口を開けて動かして、それぞれの母音をはっきり響かせましょう。お腹の呼吸も忘れずに。

ア

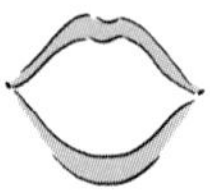

口を一番大きく縦に開けてア。顎を動かして口を開けよう。

ウ

オからさらに口をすぼめてウ。力を入れて口を突き出さないように。口の中の空洞を潰しすぎないで。

イ

エからさらに口を閉じて横に薄く開いてイ。力が入って口角が下がらないように。口角はほんの少し上げるぐらいの感覚で音を響かせて。

オ

アから口を縦に少しすぼめてオ。顎を動かして口を少しすぼめて。

エ

アから口を横に少し閉じてエ。エの音がよく響いているか声を確認して。

★耳の下の顎の骨（触ると角になっている所）の辺りを触って、顎が動いているか確かめましょう。縦に大きく口を開けるとこの部分は大きく動きます。

口まわりや舌に
余分な力が入らないように
気をつけて。声を前の人に
とどけるイメージで
出しましょう。

母音を響かせて様々な音を言ってみよう

母音ア	あ	か	さ	た	な	は	ま	や	ら	わ
母音オ	お	こ	そ	と	の	ほ	も	よ	ろ	を
母音ウ	う	く	す	つ	ぬ	ふ	む	ゆ	る	
母音エ	え	け	せ	て	ね	へ	め		れ	
母音イ	い	き	し	ち	に	ひ	み		り	
母音ア		きゃ	しゃ	ちゃ	にゃ	ひゃ	みゃ		りゃ	
母音オ		きょ	しょ	ちょ	にょ	ひょ	みょ		りょ	
母音ウ		きゅ	しゅ	ちゅ	にゅ	ひゅ	みゅ		りゅ	

一音一音をしっかり
発音できているか確認しながら
声に出すことが大切です。自分
の声に耳を傾けて、正確に言え
ているか発音をチェック
してみましょう。

コラム

「3つの上げる」で明るい母音

トレーニングでも日常でも、声を出すときには3つの「上げる」を大事にしよう。

1 ほっぺを上げる

頬の上の笑うと盛り上がる辺りをやや上げる意識で。声の出しやすさや口の動きに良いですよ。見た目も自然な笑顔になりますね。

2 気持ちを上げる

「ダメだ、苦手」などマイナスのことを考えると、それだけで声のトーンが下がり、声が出にくくなり、口が動きにくくなってしまいます。「やってみよう！」と明るい気持ちで声を出そう。

3 声のトーンを上げる

やや高めの声のトーンを意識しましょう。起き抜けのような声ではなく、やや高めで張りのある声を意識することで、トレーニング効果アップ。日常会話や大勢の人前での明るく聞き取りやすい話し方にもつながっていきます。

第2章

身近なことばを母音でクリアに

効果を高めるために、次の3つを心がけて。さあ、様々なことばを母音で言ってみましょう！

1 声は少し遠くの人へとどけるように

声は頑張って出すのではなく、リラックス。明るい気持ちで、5メートル位先にいる人にとどけるような気持ちで。

2 顎から口を開けて動かして

特に口を縦に開けるアやオでは、顎や口全体をよく動かしましょう。唇だけ動かすのはNG。余分な力を抜いて滑らかな動きで。

3 自分の声をよく聞いて

ぜひ自分の声に耳を傾けてみて！　声をとどけられているかな？　音はクリアかな？　もう少しこうしては？　と、少しずつ修正する気持ちでいると、いつのまにか大きく上達していますよ。

※　元のフレーズを声に出すときの読み方をカタカナで記してあり、これは自然に聞こえる発音を記した発音表記で、ふりがなとは違います。下記は違う点の例。

例 伸ばすと自然に聞こえる音は「ー」：おはよう→オハヨー、利用→リヨー　等

例 現代では「を」は「お」と発音が同じなので発音表記はオ。同様に「ぢ」→ジ、「づ」→ズ

母音で攻略！　早口言葉　1

早口ことばも母音トレーニングをすることで言いやすくなり、ことばがはっきりします。途中でつかえていた人も、もごもご何を言っているのかわからなかった人も、速いのにはっきり聞こえる早口言葉を目指して、母音トレーニング開始！

【母音トレーニングの仕方】

それぞれ母音を10回くり返してから元のことばを言います。母音はいきなり速く言うのではなく、ゆっくり正確に言うことから始め、クリアに言えたら速くしましょう。

練習したら✓ □□□　1

生麦生米生卵

ナマムギ　ナマゴメ　ナマタマゴ

アアウイ　アアオエ　アアアアオ

★アで口を大きく開けて、ウイ・オエ・アアオの違いがわかるように言おう。

あせらず
一文字一文字を
丁寧にしっかり
言いましょう。

□□□ 2

赤巻紙　青巻紙　黄巻紙

アカマキガミ　アオマキガミ　キマキガミ

アアアイアイ　アオアイアイ　イアイアイ

★最初の3つのアはもちろん、イの後のアで口を縦に大きく開けよう。

□□□ 3

菊栗　菊栗　三菊栗　合わせて菊栗　六菊栗

キククリ　キククリ　ミキククリ　アワセテ　キククリ　ムキククリ

イウウイ　イウウイ　イウウイ　イイウウイ　ウウイ

アアエ　イウウイ　ウイウウイ

★三菊栗と六菊栗が難しいので重点的に。母音の違いはそれぞれの最初の母音のイとウ。このイとウを意識してはっきり言おう。

注目! ア・オで明るく

5つの母音の中でもアとオの母音が響くとことばが明るく聞こえます。いつでもアとオを明るくはっきり響かせられるようにしましょう。

筋トレ

アとオの違いがわかるように、顎から縦に口を開けて動かして、お腹から声を出して声をとどけます。①②③の順でトレーニング開始。

① まずはゆっくり　1秒1音　▼10回以上くり返そう

ア　オ　ア　オ　ア　オ…

② 倍の速さで　1秒2音

★喉に力を入れないように気をつけて一息でいけるところまで続けよう。

アオアオアオアオアオアオ…

③ さらに倍の速さで　1秒4音

★音が曖昧になったりテンポが崩れるようなら②に戻って立て直そう。

アオアオアオアオアオアオアオアオアオアオアオアオ…

速くなっても
力まずに口を大きく
動かして、声を
とどけよう。

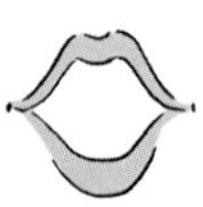
オの口イメージ

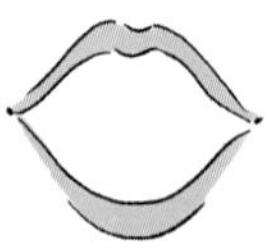
アの口イメージ

ことば

筋トレの後は母音アオが含まれることばでトレーニング。効果を高めるために口を開けて動かし、声はやや高めのトーンを意識しよう。

鴨、宿、ヤモリ、間延び、アオコ、鎖骨《サコツ》、羽織、青菜、終わり、家屋、名残り《ナゴリ》、輪ゴム、虎、直す、小川、予約、模索、夜明け、炉端、隣、穂並み《ホナミ》、野原、香り、科目、こたつ、お守り、青々、凧揚げ《タコアゲ》、なぞなぞ、青海原《アオウナバラ》、顔合わせ、粉々、顧客、土佐犬、粗悪品、直す、備わる、空覚え《ソラオボエ》、菜の花、洞穴、真心、たどたどしい、真夜中、もたらす、夜祭

アとオで備える

「ボソボソとした暗い話し方を直したいんです。」という方の多くは、口をほぼ動かさずに話しています。そんな方にまずおすすめなのが、母音アとオの改善です。人前で明るくはっきり話したいと思ったら、そのとき急に口を開けようと頑張るのではなく、トレーニング時からア・オで大きく口を開けて動かしておきましょう。ア・オとも口を縦に開けますが、アは顔中が口になるぐらい、オはそこから少しすぼめてというイメージで思い切り口を動かしてほぐしておきます。そして人前では、トレーニングをしてきた自分を信じてリラックスして自然体で話しましょう。

母音でさわやか挨拶

円滑なコミュニケーションに欠かせない様々な挨拶のことばを母音でトレーニング。挨拶のことばには、明るく聞こえるアとオがたくさん含まれているのでしっかり響きを出して。（P.22『注目！　ア・オで明るく』参照）３ステップでことばをとどけましょう。

◆３ステップで母音トレーニング

①　お腹から声を出して、顎から口を動かして、各母音をはっきり言う。
②　元のことばと同じ自然なイントネーションで、10回くり返す。
③　母音で言いながら、実際の場面を想像して表情や動作をつける。

練習したら✓ □□□ 4

こんにちは

オンイイア

★最初のオからはっきり発音。イイの部分がつながってイーとならないように。最後のアは口を開けて明るく。

①②③がラクにできるようになったら、元のことばを言ってみよう。

□□□ 5

おはようございます

オアオーオアイアウ

★最初のオから口を縦に開けて音を響かせ、少し高めの声のトーンで明るく爽やかに言おう。

□□□ 6

こんばんは

オンアンア

★ンが間に挟まっているが、オもアも口を縦に開けることを忘れずに明るい音を響かせる。

□□□ 7

さようなら

アオーアア

★「う」は一拍分伸ばそう。ア・オだけなので口を縦に開けることを意識して。

□□□ 8

おやすみなさい

オアウイアアイ

★最初のオアからはっきりと。最後のアアイを流さずに、アは口を縦に開けて。

練習したら✓

□□□ 9

お世話になります

オエアイアイアウ

★オエアイの部分は、口を縦横にはっきり大きく動かす意識で一音ずつはっきりと。

□□□ 10

ありがとうございます

アイアオーオアイアウ

★最初のアからしっかり口を縦に開けて声を前へ出すと、明るくなる。

□□□ 11

どういたしまして

オーイアイアイエ

★口を薄く開くイが交互に出てくると、イにつられて全体に口が開かなくなりがち。顎から口を動かすようにしよう。

□□□ 12

はじめまして

アイエアイエ

★アイエの繰り返しを、初めましての明るい気持ちで言おう。少し高めの声のトーンで。

□□□ 13

よろしくお願いいたします

オオイウ　オエアイイアイアウ

★「よろしく・お願い・いたします」それぞれの部分を母音で練習。言えるようになったらつなげてみよう。

□□□ 14

いただきます

イアアイアウ

★アアで口を縦に開けることを意識して練習すると、「ただ」の部分が言いやすくなる。

□□□ 15

いってまいります

イッエアイイアウ

★小さいッの部分は一拍分跳ねるように言おう。後半はアの口を開けることを意識して。

□□□ 16

いってらっしゃい

イッエアッアイ

★小さいッが2か所にあって言いにくいが、何度も言って口慣らしを。少し高めの声のトーンを意識して、明るい声で言おう。

練習したら✓

□□□ 17

ただいま

アアイア

★最後のアは伸ばさないように気をつけて。短いことばだが、アの母音を響かせて丁寧に言おう。

□□□ 18

おかえりなさい

オアエイアアイ

★全体に短いのに言いにくいので繰り返し練習を。最初のオアが速くならないように、自分の声をよく聞いて。

□□□ 19

お疲れ様でした

オウアエアアエイア

★少し長いが、中程の部分が雑にならないように。最後のアを伸ばさずに言おう。

□□□ 20

すみません

ウイアエン

★ウで始まりンで終わるので口をあけづらく、音がこもって聞き取りにくくなりがち。すんませんにならないように意識して。

□□□ 21

おめでとうございます

オエエオーオアイアウ

★最初のオから音をしっかり出して、エエはエを2回力まずにはっきり言おう。

仕事で活きた

ある日のセミナーで、営業職の受講生が「この挨拶で商談が上手くいきました！」と嬉しそうに報告してくれました。聞けば、今までは挨拶は毎度のことだからと口を動かすことなく雑に言って済ませていたとのこと。でも滑舌と挨拶を学んだので、気持ちも新たに姿勢良く視線を上げて、お腹から声を出して母音を響かせ「おはようございます。」と先方の会社に入って行ったそうです。

先方は普段と違う様子に少し驚いた表情を見せたものの、つられたように普段とは違うはっきりした挨拶が返ってきて、明るい声で話が弾み商談成立となったそうです。

この受講生は、聞き取りやすく好印象な挨拶の大きな効果に驚き、今後も母音トレーニングを続けると、目を輝かせて話していました。

一つの〇に一つの音〜一音一拍で

母音は、一音一拍とるつもりで一音ずつ丁寧に言いましょう。たとえば、イアイアイであれば、〇〇〇〇〇と、一つの〇に一つの音を入れるように言います。とても短くなったり、反対に伸ばす音ではないのに長くなったりしないように気をつけて。

【全て音を響かせる】

例えば、早口言葉（P.21）にある「黄巻紙」の母音は

イアイアイ

イが短くなったり小さい音になったりして「ィアィアィ」のようにならないように気をつけます。最初のイから最後のイまで口を開けて動かして母音をはっきり響かせます。

【ッ・ー・ンも一拍】

小さい「ッ」や伸ばして言う「ー」の部分、ンも一拍とります。

例 ⓘⓣⓔⓐⓣⓐⓘ（行ってらっしゃい）、オイオーアアエイア（ごちそうさまでした）、オンアンア（こんばんは）

ッ・ー・ンの部分が短く速くなってしまいがちなので、意識して一拍分とるようにしましょう。特に早口と言われる人は要注意です。こうして一拍分とることで、実際の話し方も丁寧になり、早口の改善や、落ち着きと説得力のある話し方へとつながっていきます。

【オの連続に気をつけて】

特に、母音オが続いている場合に音をつなげないように気をつけましょう。例えば…。

その方法を応用　ソノホーホーオオーヨー

オオ　オーオーオ　オーオー

母音オが続くのでついつい曖昧に続けてしまいがちですが、元のことばを言ったときに単語の境目がなくなってだらしない印象になり、聞き手の耳に入っていきません。長音「ー」部分は二拍、その他は一拍ずつの意識で、音を響かせてメリハリのある発音をしましょう。

【トレーニング】

棒線部分のオオがつながらないように母音を5回言ってみよう。

これを置いてあれを置いてそれを置いて

オエオオイエ　アエオオイエ　オエオオイエ

★最初のオエオの後にほんのわずか間をあけると言いやすくなる。

✖オエオイエ　アエオイエ　オエオイエにならないように気をつけて。

母音フレーズ【入門編】

日常会話はもちろんのこと、スピーチやプレゼンなどでもはっきり話すためには、連続した音をはっきり言える母音力※が必要です。滑舌良く長く話せるように、母音練習のためのオリジナルフレーズで母音力を高めましょう。

※母音力：母音を響かせて話せる力を私はこう呼んでいます。

◆3ステップでトレーニング

①全ての母音をつかえずはっきり最後まで言える。
②元のことばをイメージしながら母音フレーズを言う。
③元のフレーズを言う。

ココに気をつけて

- ☑ゆったり大きな呼吸でとどく声
- ☑口を大きく開けて動かして
- ☑気持ちを上げて明るい声で

練習したら✔ □□□ 22

この大空　その青空

コノオーゾラ　ソノアオゾラ

オオ　オーオア　オオ　アオオア

★「この、その」の母音オオの後に少しだけ間をあけると、意味を考えながらいいやすくなる。オーオアとアオオアの違う部分オーとアオの違いがわかるように言おう。

□□□ 23

鎌持ち鴨待つ

カマモチ　カモマツ

アア　オイ　アオ　アウ

★「鎌持ち」と「鴨待つ」は似ている感じがするけれど、母音は明らかに違う。それぞれ母音をはっきり出すことで、グンと聞き取りやすくなる。言いやすくもなりますよ。

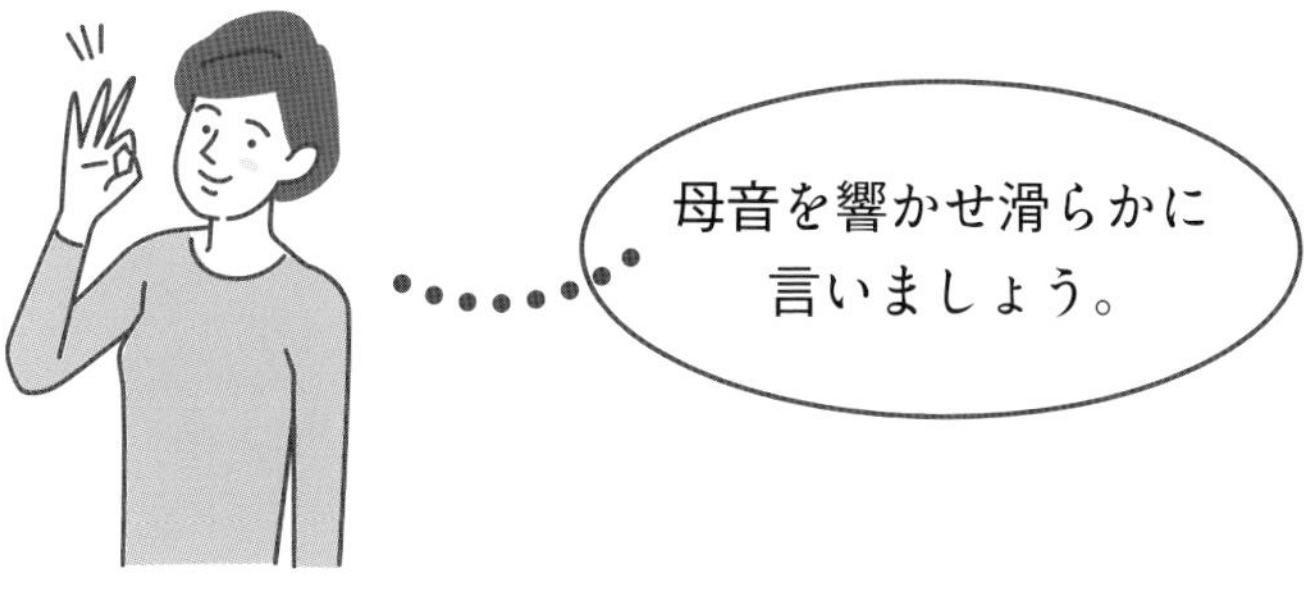

練習したら✓ □□□ 24

寒さしのぐ猿団子

サムサシノグ　サルダンゴ

アウアイオウ　アウアンオ

★お腹で息を吸ってから、最初のアで口を縦に大きく開けることを忘れずに言い始めよう。途中のアも、母音ウやイ、ンの小さな口につられずに口を開けて明るく響かせるのがポイント。

□□□ 25

たまたま高天原

タマタマ　タカマガハラ

アアアア　アアアアアア

★全て母音はア。喉に力を入れないように気をつけて、口を縦に大きく開けて、一つずつ全て5メートルぐらい前の人に声をとどけるつもりで声を出そう。

□□□ 26

ナマコ2個ナメコ2コ

ナマコニコ　ナメコニコ

アアオイオ　アエオイオ

★ナ行やマ行の音はこもって暗くなりやすいので、母音でしっかり口を開けて動かしてお腹からの声を前へとどけよう。前半のアアオと後半のアエオの違いをはっきり出そう。

□□□ 27

歩兵の派兵へ不平を言う

ホヘーノ ハヘーエ フヘーオ ユー

オエーオ アエーエ ウエーオ ウー

★ハ行は息が抜けたようになり言いにくいことがある。母音トレーニングをしっかり行って、母音の響きが出るようにしよう。それぞれ最初のオ・ア・ウの違いが出るように。

オ・ア・ウの違いが出るようにしっかり口を開けよう。

練習したら✓ □□□ 28

生もの並盛り

ナマモノ ナミモリ

アアオオ　アイオイ

★明るい声を出すには、アとオで口を縦に大きく開けて声を前へとどけるように出すこと。速くしてつなげるのではなく、同じ音の連続でも一音ずつ丁寧にはっきり発音していこう。

□□□ 29

湯屋の予約

ユヤノ ヨヤク

ウアオ オアウ

★ヤ行の音が多いと口を動かしづらいものですが、母音トレーニングで言いにくさを解消。前半後半とも2番目にでてくるアで、素早く口を縦に大きく開けるのがポイント。

□□□ 30

照美が出るテレビドラマ

テルミガデル　テレビドラマ

エウイアエウ　エエイオアア

★ラ行の音で呂律が回らない人は、母音を全てはっきり滑らかに言えるようになると言いやすくなる。口の開きが中ぐらいのエから始まるが、最後のアまで顎から口を開けて動かして。

□□□ 31

ラクラク陸路利用旅行

ラクラク　リクロ　リヨー　リョコー

アウアウ　イウオ　イオー　オオー

★漢字が連なっていたら、初めは意味の切れ目で少し間をあけよう。小さいョが入るリョの母音はオ。オの音がよく出ているか耳で確かめて。※「りよう」は「リヨー」と言うのが自然。母音はイオー。

練習したら✓ □□□ 32

気合いの居合い抜き

キアイノ　イアイヌキ

イアイオ　イアイウイ

★気合いも居合いも母音はイアイ。イの後にアで口がサッと開かないと、イヤイと聞こえてしまったり、聞き取りにくくなる。意識してアで口を素早く縦に大きく開けよう。

□□□ 33

コケコッコの駆けっこ

コケコッコノ　カケッコ

オエオッオオ　アエッオ

★小さいッは、母音でも小さいッを入れて一拍分跳ねるように言おう。跳ねるときに喉に余分な力が入って声を詰まらせないように気をつけて。

□□□ 34

指図で寿司酢を注ぐ

サシズデ　スシズヲ　ソソグ

アイウエ　ウイウオ　オオウ

★サ行が苦手な人が多いが、口を大きく開けて動かして母音を言えるとサ行が言いやすくなる。速く流して言わずに、一音ずつ丁寧にクリアな音を出すのがポイント。

□□□ 35

立って釣って取った太刀魚

タッテ ツッテ トッタ タチウオ

アッエ ウッエ オッア アイウオ

★小さいッが入った部分を、母音を響かせながらリズミカルに言うこと。そして、その後に続くアイウオ部分を落ち着いて言えるかがポイント。少し難しいけどトライして。

口の筋トレ　～2音～

①②③に気をつけて声を出しましょう。

①ゆったり大きな呼吸で声を遠く（5ｍぐらい先）へとどける。
②明るくはっきり一定の速さでリズミカルに。（初めは1秒2音、クリアに言えたら1秒4音で）
③『ことば』は母音を意識しながら声に出す。

アエ

アの口が開かないとアもエも曖昧に聞こえてしまう。筋トレでクリアに！

筋トレ

口を縦に大きく開けるアから、横に少し閉じるエへ、違いをはっきり。

アエアエアエアエアエアエ

▼息の続く限りくり返そう

ことば

さて、なぜ、壁、豆、前、亜鉛、建具、返す、舐める、跳ねる、立て替え

オエ

口を素早く縦横に開けて動かすと明るい音を作れるので筋トレを！

筋トレ

アから口を縦にすぼめてきたオと、横に閉じてきたエ。縦横交互に。

オエオエオエオエオエオエ

▼息の続く限りくり返そう

ことば

声、これ、のれん、木綿、予見、添える、駒込、染め物、ろれつ、請け負う

ウア

すぼめた口を顎から縦に開けられるように筋トレを！

筋トレ　小さい口のウから、縦に大きく開けるアへ、素早く切り替えて。ウワではない。

ウアウアウアウアウアウアウア

▼息の続く限りくり返そう

ことば　**裏、膜、向かう、暗い、使う、配る、深い、愉快、濡らす、つられる、尺八**

イア

素早くアの口で母音を響かせられると音がぐんと明るくなるので筋トレを！

筋トレ　いつのまにかイヤにならないように、サッと縦に口を開けて。

イアイアイアイアイアイアイア

▼息の続く限りくり返そう

ことば　**島、ただいま、比較、気合い、機会、思案、仕上げ、土産、企画、理解、仕分け**

筋肉に刺激を！　母音を響かせて声をとどけるためには、表情筋、口の中、喉、体幹部などの様々な小さな筋肉が連動して働いています。でも、これらの筋肉は日頃から使っていないと、年齢にかかわらず衰えてきてしまいます。いつでも明るくはっきりことばをとどけられるように、体を準備しておくことが大切です。少しずつでもトレーニングを続けてくださいね。きっと上達を感じられますよ。

母音フレーズ【初級】

同じ母音が続いたり大きく口を動かしたりとレベルアップ。入門編と同様に3ステップで、元気に声を出して口を動かしましょう。

◆3ステップでトレーニング

①全ての母音をつかえずはっきり最後まで。
②元のことばをイメージしながら10回。
③母音を響かせ滑らかに元のフレーズを言う

ココに気をつけて

☑ゆったり大きな呼吸でとどく声
☑口を大きく開けて動かして
☑気持ちを上げて明るい声で

練習したら✓ □□□ 36

生タナゴ生タマゴ
ナマタナゴ ナマタマゴ

アアアアオ アアアアオ

★こもって聞き取りにくくなりがちなナ行のことばを明るくしよう。
アアアアオのアは、口を顎から縦に開けて声を前へ。そして、タナゴとタマゴのナとマの違いを意識して言うのがポイント。

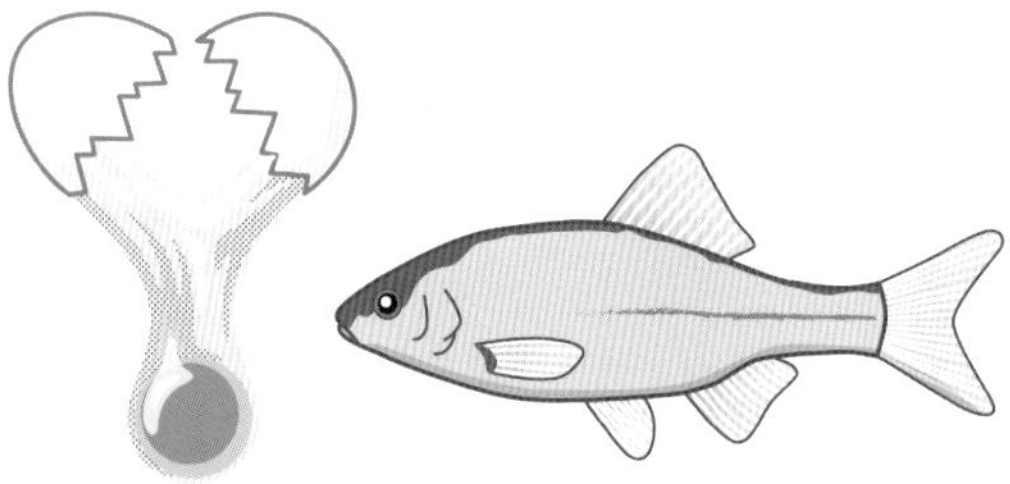

□□□ 37

特別区画の企画価格

トクベツクカクノ　キカクカカク

オウエウアアウオ　イアウアアウ

★喉に余分な力を入れて締めないように気をつけて、アが出てきたら口をあけよう。

□□□ 38

幅広の歩幅に不服

ハバヒロノ　ホハバニ　フフク

アアイオオ　オアアイ　ウウウ

★ア・オ・ウがそれぞれ連続する部分は、つなげてしまわずに1ずつはっきり言う。口まわりの余分な力を抜いて、元のことばを思い浮かべて滑らかに言えるまでくり返そう。

練習したら✓ □□□ 39

大切に使いますと誓います

タイセツニツカイマストチカイマス

アイエウイ ウアイアウオ イアイアウ

★イとウがたくさん出てくるが、口を開けないと潰れたようなこもった音になってしまうので、イとウでも口の中の空洞をつぶさずに音を響かせる意識を持とう。

□□□ 40

これらはコガラとコゲラです

コレラハ コガラト コゲラデス

オエアア オアアオ オエアエウ

★人前で話していて思わず引っかかってしまうのがこの手の似ていることば。母音オやアで口を大きく動かして滑らかに言えるまでトレーニングをくり返そう。

※コガラ・コゲラは日本にいる鳥。

41

寮の利用登録
リョーノ リヨートーロク

オーオ イオーオーオウ

★オの母音をきれいに発音できているかな？　オーと伸ばす部分はしっかり一拍分伸ばそう。

42

祝いの席で居合い切り
イワイノセキデ イアイギリ

イアイオエイエ イアイイイ

★元のフレーズでワとアを混同してしまいがちだが、母音トレーニングで口の動きに余裕を持たせて、ワとアをはっきり区別して発音できるようになろう。

練習したら✔ □□□ 43

焼津の湯屋をようやく予約

ヤイズノ ユヤオ ヨーヤク ヨヤク

アイウオ ウアオ オーアウ オアウ

★ウアオとオアウは同じ母音で順番が逆。一音ずつ丁寧に言おう。オーアウの「ー」で一拍伸ばして、オアウとの違いがわかるように。

※焼津：静岡県内の地名

□□□ 44

滑舌フレーズで呂律が回らない

カツゼツフレーズデ ロレツガ マワラナイ

アウエウウエーウエ オエウア アアアアイ

★滑舌と呂律が言いにくいので、まずは口を開けて動かして母音をクリアに。すると、元のフレーズを言いやすくなる。もちろん聞き取りやすくもなる。

練習したら✓ □□□ 45

裾上げをさせていただきます

スソアゲオ　サセテイタダキマス

ウオアエオ　アエエイアアイアウ

★サ行は言いにくいが、言いにくいものほど口をほぐすつもりで顎から口を開けて動かそう。

□□□ 46

何々？　2ナノなのね

ナニナニ？　ニナノナノネ

アイアイ？　イアオアオエ

★アイアイ、アオアオとアが交互に出てくる場合は、アで再び口を縦に大きく開けることを忘れないようにしよう。

※1ナノメートルは1ミリメートルの100万分の1

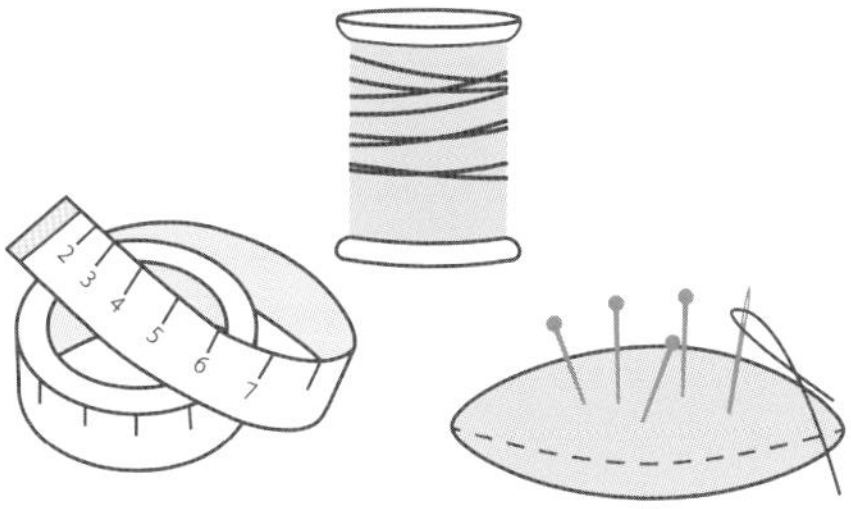

母音のための呼吸トレーニング

呼吸の吐く息を使って声を出しているので、母音が響く聞き取りやすい話し方のためには、余裕のある呼吸が大切です。①②③で、呼吸を鍛えましょう。

① 自分の吐く息の音がはっきり聞こえるように細く勢いよく吐いて
② フッは短く切り過ぎずに、フーに近い少し長めを意識して
③ 全て同じ強さで最後まで（P.12「声のためのお腹の呼吸」参照）

【キレよくリズミカルにフッ】　■で息継ぎ

一息3回を8回くり返す

フッフッフッ　■　フッフッフッ……

一息5回を5回くり返す

フッフッフッフッフッ　■　フッフッフッ……

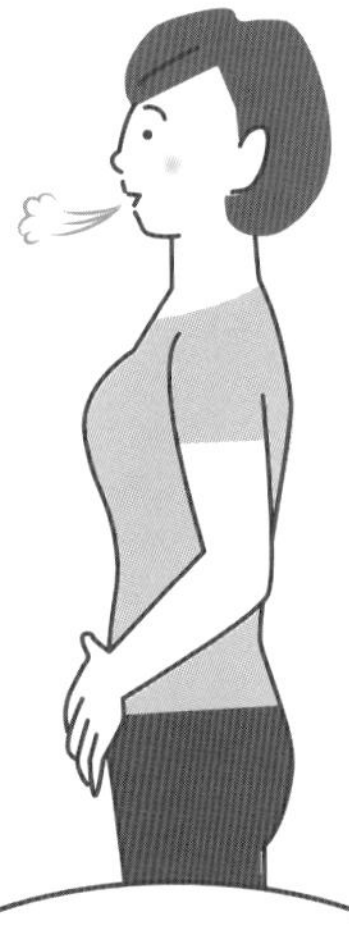

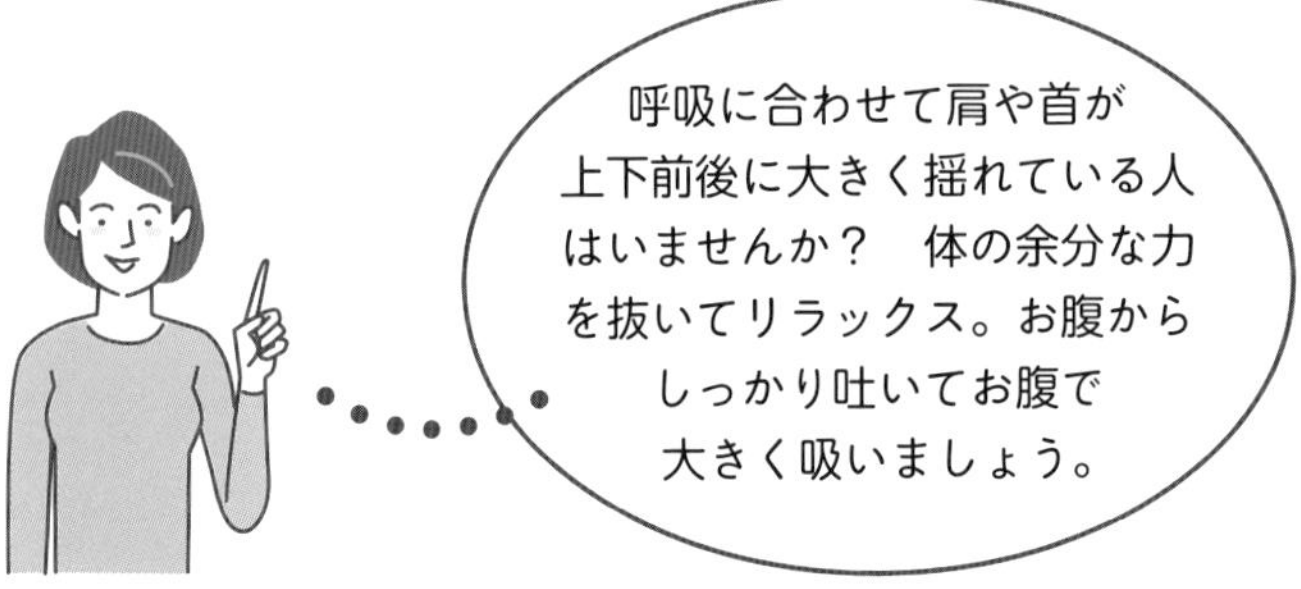
呼吸に合わせて肩や首が
上下前後に大きく揺れている人
はいませんか？　体の余分な力
を抜いてリラックス。お腹から
しっかり吐いてお腹で
大きく吸いましょう。

【長短リズミカルに】

大きく息を吸ったら、長い呼吸と短い呼吸を使い分けてテンポ良く吐きましょう。
『フー　フッ　フッ』（2拍＋1拍＋1拍）を一息で。これを5回くり返そう。

フー　フッ　フッ　■　フー　フッ　フッ……

逆も行ってみましょう。
『フッ　フッ　フー』（1拍＋1拍＋2拍）を一息で。これを5回くり返そう。

フッ　フッ　フー　■　フッ　フッ　フー……

一息で、一定の強さで伸ばせるだけ伸ばしましょう。

フーーーーーーーーーー

初めのうちはお腹が疲れるかもしれませんね。でも、それはしっかりできている証拠。
体に余分な力が入らないように気をつけて、楽しく続けてくださいね。

母音でことわざ

良いことばを言っても、聞き取りにくいのでは説得力に欠けてしまいます。ことわざで母音力を上げて、「短い一言」を確実に伝えられるようになりましょう。

雨降って地固まる

アエ ウッエ イ アアアウ

石の上にも三年

イイオ ウエイオ アンエン

急がば回れ

イオアア アアエ

言うは易く行うは難し

イウア アウウ オオアウア アアイ

犬も歩けば棒に当たる
イウオ アウエア オーイ アアウ

猿も木から落ちる
アウオ イアア オイウ

三人寄れば文殊の知恵
アンイン オエア オンウオ イエ

好きこそ物の上手なれ
ウイオオ オオオ オーウアエ

千里の道も一歩から
エンイオ イイオ イッオアア

備え有れば憂い無し
オアエ アエア ウエイ アイ

七転び八起き

アアオオイ　アオイ

習うより慣れろ

アアウオイ　アエオ

寝耳に水

エイイイ　イウ

百聞は一見に如かず

アウウンア　イッエンイ　イアウ

災い転じて福となす

アアアイ　エンイエ　ウウオ　アウ

母音で物語

簡単な文章で母音トレーニングをしましょう。長い文の中で母音を意識できるようになることは、日常生活への応用につながります。

【母音で物語の読み方】

① 初めに1回、元のことばで読もう。
② 元のことばをイメージしながら、母音で5回読もう。
③ もう一度、元のことばで読もう。言いやすさや、聞き取りやすさの変化をチェック！

★つかえても大丈夫。まずはゆっくりから、少しずつ声に出してみて。

これは、私の記憶のなかの物語の初めの部分です。

オエア、アアイオ　イオウオアアオ　オオアアイオ
アイエオウウンエウ。

むかしむかし、あるところに、おじいさんとおばあさんがいました。
ウアイウアイ、アウオオイ、オイーアンオ
オアーアンア　イアイア。

ある日のこと、おじいさんは山へしば刈りに、おばあさんは川へ洗濯に行きました。
アウイオオ、オイーアンア　アアエイアアイイ、
オアーアンア　アアエエンアウイ　イイアイア。

おばあさんが川で洗濯をしていると、
大きな桃がどんぶらこどんぶらこと流れてきました。
オアーアンア　アアエ　エンアウオイイエイウオ、
オーイアオオア　オンウアオンウアオオ　アアエエイアイア。

おばあさんは、その桃を川から引き上げて、うちへ持って帰りました。
オアーアンア、オオオオオ　アアアア　イイアエエ、
ウイエ　オッエアエイアイア。

うちにはおじいさんが帰っていました。
ウイイア　オイーアンア　アエッエイアイア。

なんて大きな桃だろう！
アンエ　オーイア　オオアオー！

桃を切ってみました。
オオオ　イッエイアイア。

すると、桃の中から元気な赤ん坊が！
ウウオ、オオオアアアア　エンイア　アアンオーア！

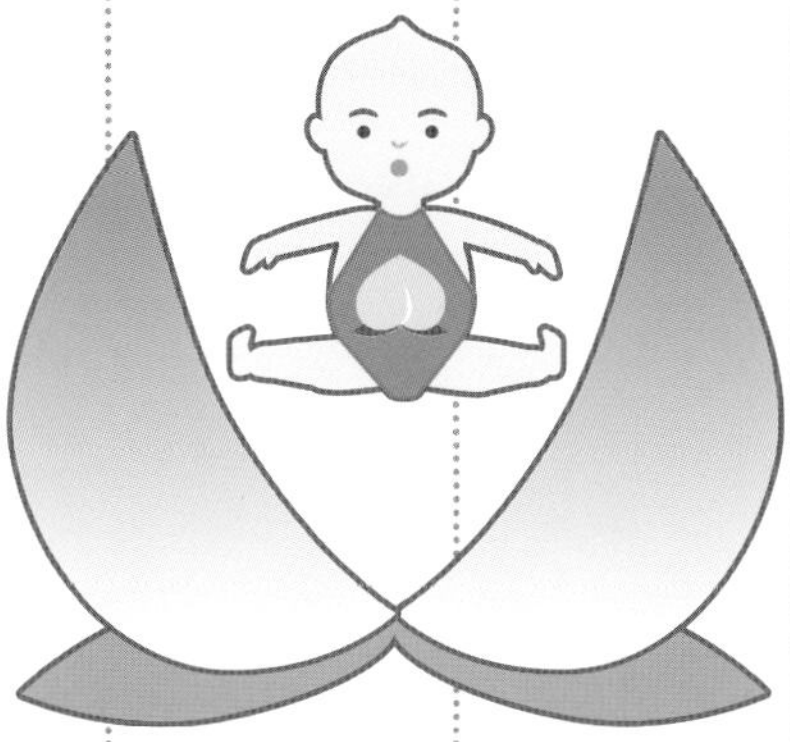

2人はその赤ん坊を大切に育てました。
ウアイア　オオアアンオーオ　アイエウイ　オアエアイア。

つづきは、またね。
ウウイア　アアエ。

コラム

母音で残念エピソード

母音が聞き取れないと、全く違うことばに聞こえてしまうことがあります。

■ ク○野球大会

一緒に仕事をしていた仲間が、テレビ中継で子ども達の野球大会に行ったときのことです。「少年草野球大会が行われています」と言おうとして、「少年クソ野球大会が行われています」と言ってしまったのです。クサヤキューの母音はウアアウー。2番目の母音アがオになってしまったため「クサ」が「クソ」に。緊張する、焦るなどのほか、屋外では寒い、風が強いなど口の動きを妨げる原因があるので要注意です。

■ 自分の名前が伝わらない…

実は私自身も名字が電話口で伝わらなかったことが。『ハナガタ』の母音はアアアア。電話口で名前をぼそっと言ってしまうと「フナガタ」「フネガタ」「ノガタ」などと正しく聞き取ってもらえません。また、知人のタナカさんは「トナカ」「トノカ」「トノオカ」などと聞き間違えられてしまうそうです。

1回で正確に伝えるには、電話でも、口を動かして声を前へとどける意識が大切です。

第3章

本格
母音トレーニング

母音アイウエオの文字を見てすぐに声に出せるようになってきましたか？　次は少し長いフレーズにも挑戦。文字を見なくても、ことばに含まれる母音を意識してはっきり声を出せるようにしていきましょう。

1　少し高めのトーンで遠くの人へとどけるように

フレーズが長くなってきても、声は頑張って出すのではなく、リラックスして出します。5メートル位先にいる人にスッととどくように、少し高めのトーンを意識しましょう。

2　最後まで顎から口を開けて動かして

フレーズが長くなってくると、気付かぬうちに口の動きが悪くなり、声も沈んでしまいがちです。口まわりの余分な力を抜いて、フレーズの最後まで顎から口を動かして母音を響かせましょう。

3　自分の声を聞いてチェック

声を出している自分と、その声を聞いている自分がいるイメージで声をチェック。不合格やダメはありません。トレーニングの途中経過を楽しみながら、工夫して明るく声を出してくださいね。

母音で攻略！　早口言葉　2

どうしても途中で引っかかってしまうアノ早口言葉を母音トレーニングで攻略しましょう！

【母音トレーニングの仕方】

それぞれ母音を10回くり返してから元のことばを言います。母音はいきなり速く言うのではなく、ゆっくり正確に言うことから始めて、クリアに言えたら速くしましょう。

【こもって暗くなりがちなことばを明るく軽快に！】

練習したら✓ □□□ 47

引き抜きにくい釘抜きにくい釘

ヒキヌキニクイクギ　ヌキニクイクギ

イイウイイイウイ　ウイ　ウイイウイ　ウイ

★薄い口のイと小さい口のウを区別して、口の中の空洞に音を響かせて。

□□□ 48

巣鴨駒込駒込巣鴨

スガモ　コマゴメ　コマゴメ　スガモ

ウアオ　オアオエ　オアオエ　ウアオ

★アとオとエの音の違いがはっきり出るように口を開けて動かそう。

□□□ 49

【同じことばの繰り返しでややこしくてもはっきりと！】

スモモも桃も桃のうち

スモモモ　モモモ　モモノウチ

ウオオオ　オオオ　オオオオウイ

★オが連続するがオーと伸ばさない。オの口は縦に開けて一つずつはっきり。

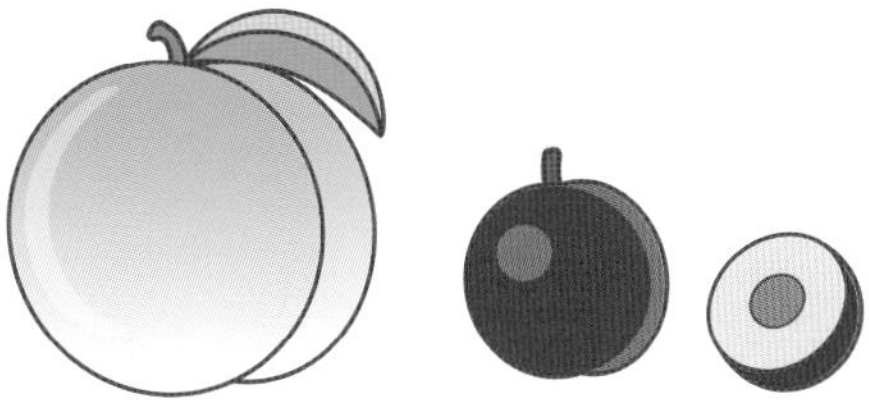

練習したら✓□□□ 50

裏庭には二羽庭には二羽ニワトリがいる

ウラニワニワニワ　ニワニハニワ　ニワトリガイル

ウアイアイアイア　イアイアイア
イアオイアイウ

★「ワの母音はア」と思いながら、イからアへ全て口をしっかり開けよう。

□□□ 51

瓜売りが瓜売りに来て瓜売り残し　売り売り帰る瓜売りの声

ウリウリガ　ウリウリニキテ　ウリウリノコシ　ウリウリカエル　ウリウリノコエ

ウイウイア　ウイウイイイエ
ウイウイオオイ
ウイウイアエウ　ウイウイオオエ

★ウイが速くならないように。イイやオオは1つずつ正確に発音して。

同じ母音が続くときも
アー、イーとのばさず
ア・ア、イ・イとしっかり
発音しましょう。

□□□ 52

この竹垣に竹立てかけたのは竹立てかけたかったからだ

コノタケガキニ　タケタテカケタノハ　タケタテカケタカッタカラダ

オオ　アエアイイ　アエ　アエアエアオア
アエ　アエアエアアッアアアア

★アでしっかり顎から口を縦に開けて、アとエを素早く切り替えるのがコツ。

【思わず噛んでしまうことばを滑らかに！】

□□□ 53

お綾や親にお謝りなさい

オアヤヤ　オヤニ　オアヤマリナサイ

オアアア　オアイ　オアアアイアアイ

★最後のオアアアイは、オからアへ一気に口を縦に大きく開けて1つずつ丁寧に、心の中で「お謝り」と言いながら言おう。

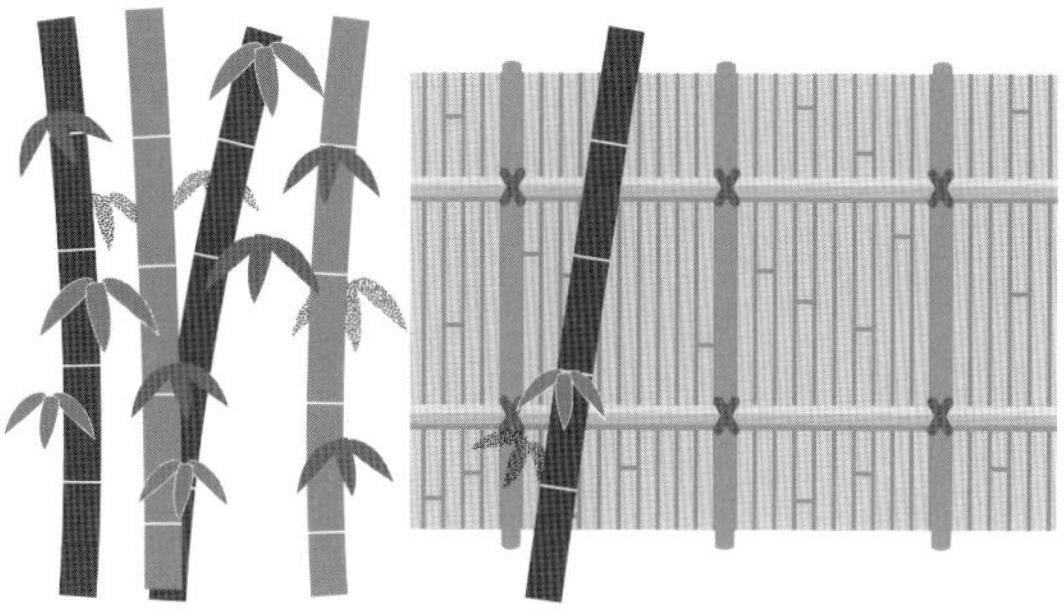

親ガメの上に子ガメ
子ガメの上に孫ガメ
孫ガメの上にひ孫ガメ
親ガメ子ガメ孫ガメひ孫ガメみなこけた

オヤガメノウエニコガメ
コガメノウエニマゴガメ、
マゴガメノウエニヒマゴガメ
オヤガメ　コガメ　マゴガメ　ヒマゴガメ　ミナコケタ

オアアエオ ウエイ オアエ
オアエオ ウエイ アオアエ
アオアエオ ウエイ イアオアエ
オアアエ オアエ アオアエ イアオアエ イアオエア

★「親ガメ」「子ガメ」「孫ガメ」「ひ孫ガメ」の母音（棒線部分）は特に意識して口の中までしっかり開けて言うのがポイント。一気に言わずに一言ずつ間をあけて丁寧に。

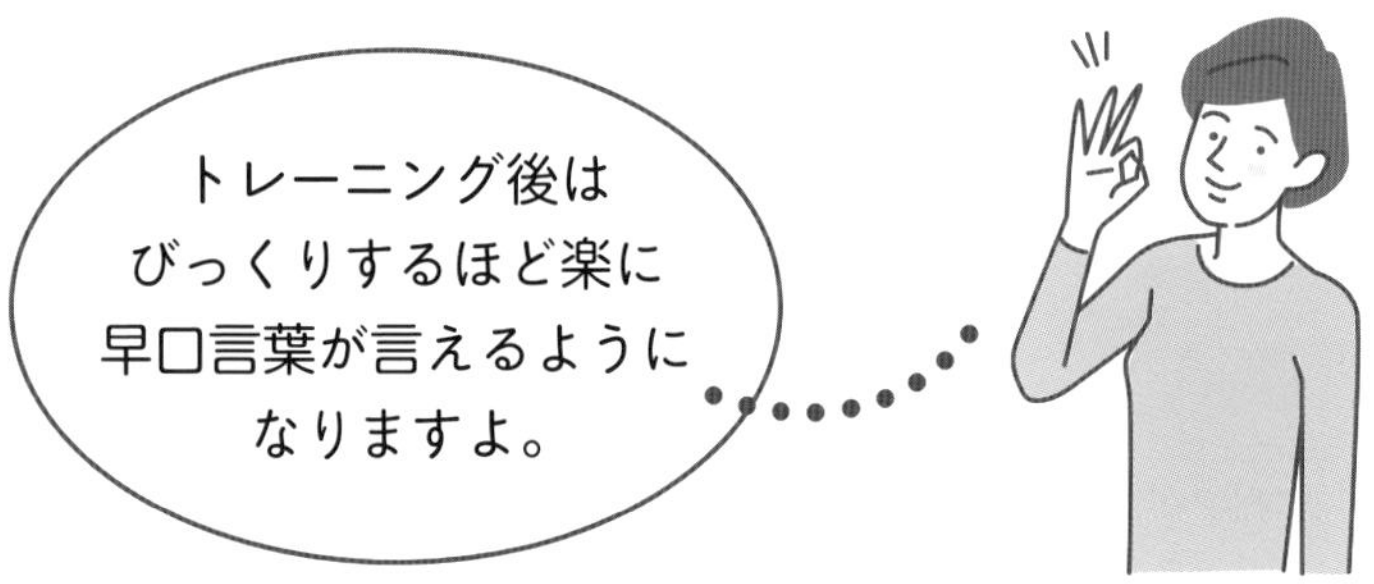
トレーニング後は
びっくりするほど楽に
早口言葉が言えるように
なりますよ。

【プラス一工夫で言いやすく】

□□□ 55

炙《あぶ》りカルビ
アブリ　カルビ

アウイ アウイ

★同じ母音の連続だが、特に2回目は口を大げさに動かす意識でアの口を縦に大きく。
＋プラス練習・・・元のことばを言う前に、『カル』を10回くり返そう

□□□ 56

赤パプリカ　青パプリカ　黄パプリカ
アカパプリカ　アオパプリカ　キパプリカ

アア アウイア アオ アウイア　イ アウイア

★色の母音の後に少し間を開けてからアウイアをはっきり言おう。
＋プラス練習・・・元のことばを言う前に、『キパプ』を10回くり返そう。

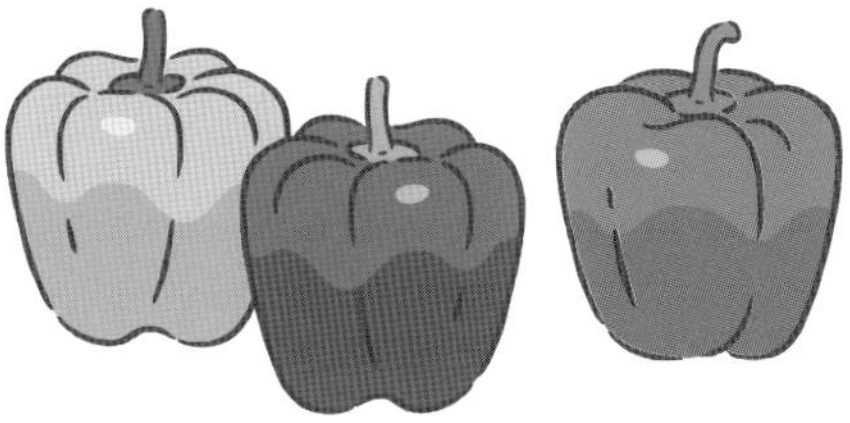

ああ難しい　アアの連続

はっきり言おうと頑張ると噛みやすいのがアの母音が連続して含まれていることば。母音トレーニングでは、連続するアの音を1つずつ響かせることができるかがポイント。口まわりや喉の余分な力を抜いて、ラクに顎から口を縦に開けて、母音アを前へとどけよう！

アア

ただいま　アアイア
価格　アアウ
画角　アアウ
査察　アアウ
謝罪　アアイ

かがり火　アアイイ
笹船　アアウエ
可逆性　アアウエー
多角的　アアウエイ

七つ星　アアウオイ
ややこしい　アアオイイ
河合様　アアイアア

アアア

逆さ　アアア
かさ上げ　アアアエ
多々ある　アアアウ
さざ波　アアアイ
はばかる　アアアウ

7階　アアアイ
朝やけ　アアアエ
まさか　アアア
闘い　アアアイ
かさばる　アアアウ

計らい
アアアイ

新しい
アアアイイ

空《から》箱
アアアオ

パナマ
アアア

アアアア

ただならぬ
アアアアウ

温かさ
アアアアア

ただただ
アアアア

生卵
アアアアオ

ささやか
アアアア

長々
アアアア

カタカナ
アアアア

パタパタ
アアアア

欠かさない
アアアアイ

肩たたき機
アアアアイイ

ままならぬ
アアアアウ

真っ只中
アッアアアア

他に・・・

様々な傘
アアアアアア

戸棚が斜め
オアアアアアエ

バナナ7本
アアアアアオン

赤坂サカス
アアアアアアウ

たわら形
アアアアア

シャカシャカまぶす
アアアアアウウ

鎌倉は神奈川県
アアウアアアアアアエン

花形役者
アアアアアウア

母音フレーズ【中級】

少し長いフレーズや言いにくいフレーズで母音トレーニングしましょう。元のフレーズを言うように、母音フレーズも自然なイントネーションで言うことが大切です。
①②③の3ステップでトレーニング！

◆3ステップでトレーニング

① 全ての母音をはっきり、つかえずに最後まで言おう。
② 元のことばをイメージしながら、母音フレーズを滑らかに10回くり返そう。
③ 元のフレーズを、母音の響きを感じながら滑らかに言ってみよう。

ココに気をつけて

- ☑ ゆったり大きな呼吸でとどく声
- ☑ 口を大きく開けて動かして
- ☑ 気持ちを上げて明るい声で

練習したら✓ □□□ 57

上賀茂にカモ来るかな 上賀茂にカメ来るかも
カミガモニ カモクルカナ カミガモニ カメクルカモ

アイアオイ アオウアア
アイアオイ アエウアオ

★前半後半で違うのはアオとアエの一か所。特にこの違いがはっきりわかるように言おう。

□□□ 58

朝霞市 阿蘇市 旭市の3市です
アサカシ アソシ アサヒシノ サンシデス

アアアイ アオイ アアイイオ アンイエウ

★言いにくいサ行音は、意識して母音の口を開けて動かして。まずは母音だけでとどく声で滑らかに言えるようにしよう。

練習したら✓ □□□ 59

生みそ　生豆　生むかご

ナマミソ　ナマママメ　ナマムカゴ

アアイオ　アアアエ　アアウアオ

★モゴモゴして聞き取りにくくなりやすいフレーズ。母音は、口を開けて動かして全てはっきり聞こえるように、テンポ良く言えるまでくり返そう。

□□□ 60

秘宝を方々探してフーフーヒーヒー

ヒホーオ　ホーボーサガシテフーフーヒーヒー

イオーオ　オーオーアアイエ　ウーウーイーイー

★伸ばす音をしっかり一拍分伸ばすことが大切。ハ行音が息が抜けるような感じで言いにくい人は、繰り返し言って母音の響きを出す感覚を身につけよう。

□□□ 61

真向かいの南向き古民家の桃の古木

マムカイノ　ミナミムキ　コミンカノ　モモノコボク

アウアイオ　イアイウイ　オインアオ　オオオオオウ

★マ行音が続くと音がこもって暗く聞こえがち。口を開けて動かして母音を明るく響かせて、マ行音を明るく聞き取りやすくしよう。

□□□ 62

良い湯屋良い宿良い癒し

ヨイユヤ　ヨイヤド　ヨイイヤシ

オイウア　オイアオ　オイイアイ

★ヤ行音の連続は、人前で話す緊張場面で意外に引っかかってしまう。母音で口の動きを良くすることで言いやすくなる。

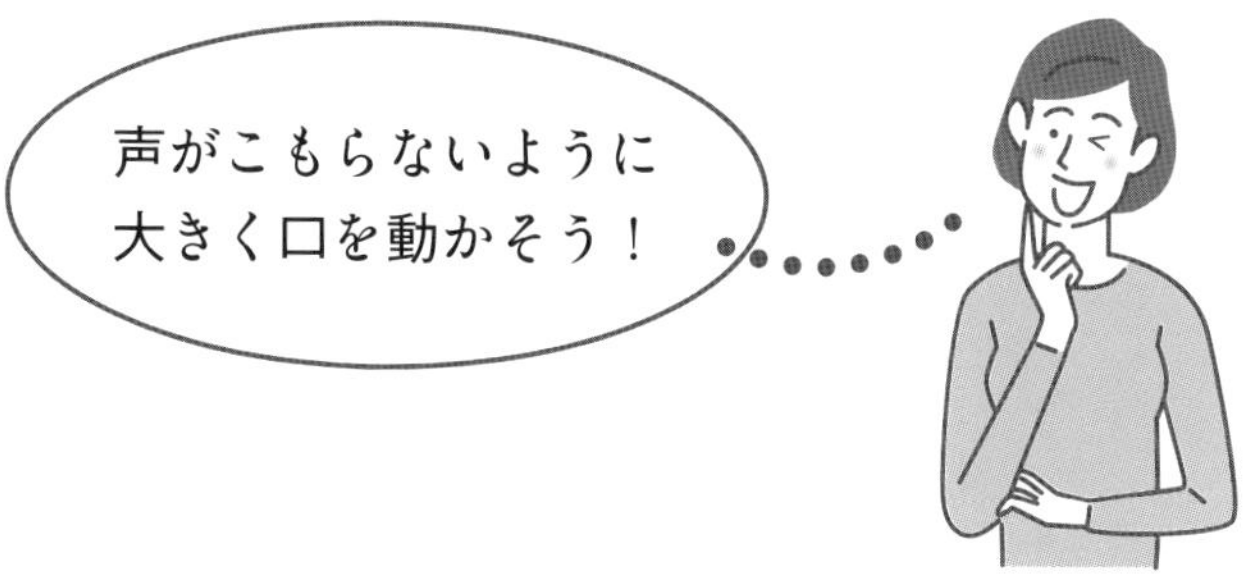

練習したら✓ □□□ 63

よりどりみどり 色とりどりで 取りそろえられている

ヨリドリミドリ イロトリドリデ トリソロエラレテイル

オイオイオイ イオオイオイエ
オイオオエアエエイウ

★元のことばを思い浮かべながら母音を繰り返し言うことで、舌がもつれないのはもちろん、はっきりテンポ良く言えるようになる。

□□□ 64

相生の家々の絵が家にある

アイオイノ イエイエノ エガ イエニアル

アイオイオ イエイエオ エア イエイアウ

★一音おきにイが出てくるが、イで口を薄く閉じたままにならないように気をつける。イの後にあるオ・エ・アの音がはっきり出るように口を動かそう。

□□□ 65

駒込さん 金米さん 熊込さん
コマゴメサン カナゴメサン クマゴメサン

オアオエアン アアオエアン ウアオエアン

★各名字最初の2母音オア・アア・ウアの違いがわかるように。全体に音がこもりやすいので、母音練習をしっかり行い名前呼びの印象を変えよう。

□□□ 66

たたけ竹 竹たたけ けたたましく竹たたけ
タタケタケ タケタタケ ケタタマシク タケタタケ

アアエアエ アエアアエ エアアアイウ アエアアエ

★アがたくさん出てくるが、全て口を縦に開けて音を響かせよう。特にアアと続く部分が「アー」とならないように意識して。

注目！ イ・ウを強みに

母音イ・ウが続けて含まれることばには、言いにくいうえに相手に聞き取ってもらえないという残念な結果になるケースがたくさんあります。滑舌の悪さはイ・ウが原因だったということも。イ・ウを響かせてことばをはっきり言えるようにトレーニングしましょう。

筋トレ　イとウの違いがわかるように口を動かし音を響かせて声をとどけます。①②③の順でトレーニング開始。

①まずはゆっくり　1秒1音　▼10回以上くり返そう

イ　ウ　イ　ウ　イ　ウ…

②倍の速さで　1秒2音

★唇に力を入れ過ぎないように気をつけて一息でいけるところまで続けよう。

イウイウイウイウイウイウ…

③さらに倍の速さで　1秒4音

★音が曖昧になったりテンポが崩れるようなら②に戻って立て直そう。

イウイウイウイウイウイウイウイウイウイウイウイウ…

速くなっても
力まずに一音ずつ
はっきり音を響かせ
声をとどけよう。

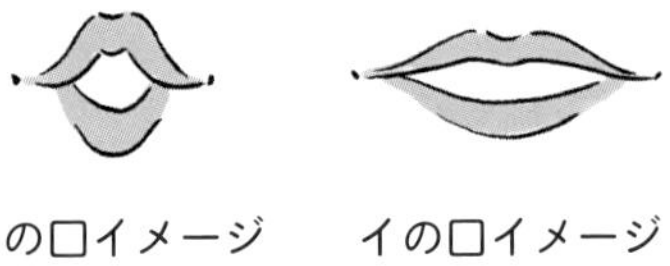
ウの口イメージ
イの口イメージ

ことば

筋トレの後は母音イ・ウが含まれることばでトレーニング。効果を高めるために口を開けて動かし、声はやや高めのトーンを意識しよう。

菊、茎、実務、血筋、図式、字引き、色紙《しきし》、地質、機密、治水《ちすい》、すし、気質、期日、資質、私物、きしむ、しくみ、区切り、雫《しずく》、朽《く》ちる、秩父《ちちぶ》、荷主、皮膚、品質、実印、月々、地続《じつづ》き、釘抜き、逐一《ちくいち》、利《き》き腕《うで》、口づて、チクチク、引き抜き、潜《くぐ》り戸《ど》、接《つ》ぎ木、括《くく》りつける、実質的、自粛、支出、寄宿舎、技術士、しみ抜き、秩序、瑠璃色《るりいろ》、唯一無二《ゆいいつむに》

イとウを強みに　母音イ・ウが続けて含まれていることばは頑張るほど口がくっついたようになってしまい、舌も動かしづらく、苦戦する人が多いのではないでしょうか？　頑張れば頑張るほど口周りに力が入り、口や舌がさらに動かなくなってしまいます。まずは口まわりをリラックス。イは口角を下げずに口を横に薄く。ウは口をとがらせるのではなく軽く閉じるように。どちらも口の中の空洞を潰しすぎないように気をつけて、母音を響かせ声をとどけましょう。小さな動きを大切にすることで言いやすくなり、聞き返されることもなくなっていきます。母音力に余裕が出てくると舌や唇も動かしやすくなります。苦手な人が多いイとウを強みにしましょう。

母音フレーズ【上級】

長いフレーズの中のちょっとした母音の違いにも意識を向けて正確に発音しましょう。ただ文字を追って声に出すだけの練習と違って、どこに気をつけて言えばはっきり聞き取りやすくなるのか？ということまでわかって、母音力が高まりますよ。①②③の3ステップでトレーニング！

◆3ステップでトレーニング

① 全ての母音をはっきり、つかえずに最後まで言おう。
② 元のことばをイメージしながら、母音フレーズを滑らかに10回くり返そう。
③ 元のフレーズを、母音の響きを感じながら滑らかに言ってみよう。

ココに気をつけて

- ☑ ゆったり大きな呼吸でとどく声
- ☑ 口を大きく開けて動かして
- ☑ 気持ちを上げて明るい声で

練習したら✓ □□□ 67

鳴るぞ煮るぞ塗るぞ寝るぞ乗るぞ

ナルゾ　ニルゾ　ヌルゾ　ネルゾ　ノルゾ

アウオ　イウオ　ウウオ　エウオ　オウオ

★それぞれのことばの最初の母音アイウエオは、口を開けて動かして丁寧に違いがわかるように言おう。

□□□ 68

毬《まり》のお土産　マリモのお土産

マリノオミヤゲ　マリモノオミヤゲ

アイオ　オイアエ　アイオオ　オイアエ

★全てのアとオは口を縦に開けて素早く動かすと、マ行音が多く出てきても明るくクリアに聞こえるようになる。

練習したら✓ □□□ 69

踊り回り　繰り広げられる　めくるめく世界

オドリマワリ　クリヒロゲラレル　メクルメク　セカイ

オオイアアイ　ウイイオエアエウ
エウウエウ　エアイ

★元のことばと同様のイントネーションで言えるようになると、ラ行音がたくさん続いても格段に舌がもつれにくくなる。

□□□ 70

赤江さんの代わりに岡江さんと顔合わせ

アカエサンノ　カワリニ　オカエサント　カオアワセ

アアエアンオ　アアイイ　オアエアンオ
アオアアエ

★名字部分の母音を丁寧に意識できると、赤江・岡江の違いが出て聞き取りやすくなる。

□□□ 71

並ネギマ鍋　並盛りネギマ鍋　どちらもネギマ鍋
ナミネギマナベ　ナミモリ ネギマナベ　ドチラモ ネギマナベ

アイエイアアエ　アイオイ
エイアアエ　オイアオ エイアアエ

★『ネギマ鍋』の母音エイアアエは、大きく口を開けて動かして、アの母音の響きを出そう。

□□□ 72

黒くて暗い蔵で酒を醸造貯蔵
クロクテ クライ クラデ サケオ ジョーゾーチョゾー

ウオウエ ウアイウアエ
アエオ オーオーオオー

★母音ウオ（黒）とウア（暗）の違いをはっきり出そう。オーは一拍分のばす。

長い文はパートごとに
区切って練習すると
いいですよ。

練習したら✓ □□□ 73

突飛なはっぴ着てヒップホップ8分踊った

トッピナ ハッピキテ　ヒップホップ ハップン オドッタ

オッイア アッイイエ イッウオッウ
アッウン オオッア

★小さいッで跳ねるように一拍分とろう。ことばがだらだらしたり早口になるのを改善できる。

□□□ 74

調査終了後速やかに調査書提出のこと

チョーサ シューリョーゴ スミヤカニ チョーサショ テーシュツノコト

オーア ウーオーオ ウイアアイ
オーアオ エーウオオオ

★オーアのアで口を縦に大きく開けることと、伸ばす音は全て一拍分伸ばすこと。元のフレーズはサに注意して言おう。

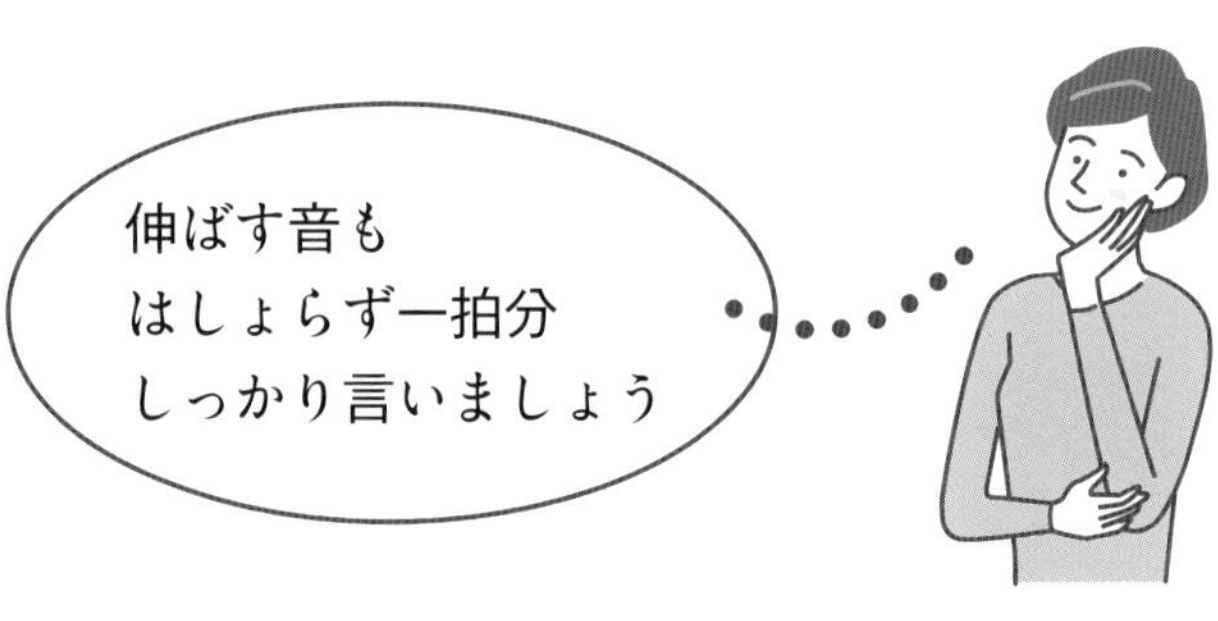
伸ばす音も
はしょらずー拍分
しっかり言いましょう

□□□ 75

延々と続いたが永遠ではなかった

エンエント ツズイタガ エイエンデワ ナカッタ

エンエンオ ウウイアア エーエンエア
アアッア

★エンエンのンは一拍分とり、エンエンとエーエンの違いがはっきりわかるように言おう。

□□□ 76

八坂の傘屋が赤坂の酒屋に傘貸した

ヤサカノ カサヤガ アカサカノ サカヤニ カサカシタ

アアアオ アアアア
アアアアオ アアアイ アアアイア

★たくさんあるアは全て口を開ける。傘屋と酒屋のように母音が同じで子音が似ていることばは言い間違えやすい。子音に注意を払おう。

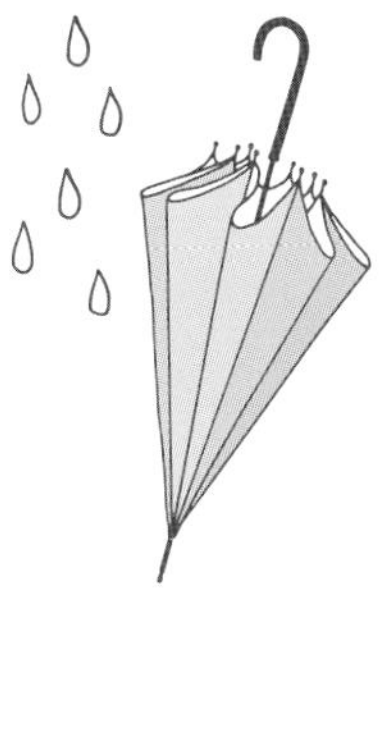

口の筋トレ　～4音～

①②③に気をつけて声を出しましょう。

① ゆったり大きな呼吸で声を遠く（5mぐらい先）へとどける。
② 明るくはっきり一定の速さでリズミカルに。（初めは1秒2音、クリアに言えたら1秒4音で）
③ 最初から最後まで同じ大きさで音を響かせて。

アイアエ　アで口を縦に開けよう。アイヤエにならないように気をつけて。

アイアエ　アイアエ

▼息の続く限りくり返そう

オエアウ　オエヤウにならないようにアで口を開けて音を確かめて。

オエアウ　オエアウ

▼息の続く限りくり返そう

ウアイオ　小さな口のウから口を大きく開けるアへ素早く移ってキレよく。

ウアイオ　ウアイオ

▼息の続く限りくり返そう

イエオウア

前半は口を横に開くが、オ以降は口を縦に開ける意識で。

イエオウア　イエオウア

▼息の続く限りくり返そう

エオイウア

口を横に縦に素早く開けて動かして言おう。

エオイウア　エオイウア

▼息の続く限りくり返そう

音のムラをなくそう！　4音5音になってくると、気付かぬうちに音にムラが出てしまいがちです。イが小さくなったり、アがヤになったり、オがはっきり言えなかったり。自分の声を聞いてチェックしてみましょう。改善するには、お腹でたっぷり息を吸ったら、急がずに一歩ずつしっかり踏んで歩くように一音ずつ丁寧に言います。速く言うときにも、必ず一歩ずつ踏むような意識で正確に言いましょう。

母音でダンス♪

母音を一音ずつはっきりテンポ良く声に出します。ダンスをするようにリズミカルに、軽やかに母音を言ってみましょう♪

① (1)から(5)までをそれぞれ5回ずつ繰り返そう。
② (1)から(5)までを続けて言ってみよう。

素早く口を開けて大きく動かして、声を遠くへとどけましょう。

(1) アウオエ

(2) イエアオ

(3) ウオイア

(4) エアウイ

(5) オイエウ

今度は少し長めにチャレンジ。お腹いっぱい息を吸って、声を遠くへとどかせながら、一行を一息で言ってみましょう。

(1) アオアウアイアエ

(2) エウエアエオイエ

(3) イアイエイウオイ

(4) ウイウオウエアイ

(5) オエオイオアウオ

キレよく、全て同じ大きさの音で言えましたか？　トレーニングをしていると、いつのまにかただ何となく言ってしまいがちですが、リズムを感じて明るい気持ちで声を出すことで、口の動きが良くなり、声に張りが出てきます。日常の話し方の明るさや歯切れ良さにもつながります。ぜひトレーニングに取り入れてくださいね。

コラム

母音の無声化って？

〜母音が聞こえなくても良い場合がある〜

喉に手を当ててアイウエオを言うと手がビリビリするように母音は有声音です。でも、主に下記 1、2 のときに無声音になって、これを母音の無声化といいます。（例外もあり）

◯ = 無声化

1 無声子音と無声子音にI母音とU母音が挟まれている

（無声子音：カ・サ・タ・ハ・パ行等の子音）

例 期待/キタイ・下/シタ・伝える/ツタエル

2 無声子音に続くI母音とU母音がことばの終わりにある

例 〜です。 デス。 〜ございます。 ゴザイマス。

このような場合には、話したり読んだりしているときに母音が出ていなくて良いのです。母音を無声化するかしないかは、地域や年代などによって違いがあり、無声化しないで話している場合もあります。

母音トレーニングでは全ての母音を声に出しますが、元のことばを言うときには母音を無声化する部分までムリに母音を出さずに、ご自身の自然な話し方で言いましょう。

※ 母音の無声化は誰もができなくてはならないものではありませんが、話すことを専門に仕事をしていて無声化が苦手な人は、母音トレーニングとあわせて無声化も練習することをおすすめします。

第4章

日常シーンで母音トレーニング

母音トレーニングを日常生活で活かして、いつでもはっきり印象良く話せることが大切です。これまでトレーニングしてきたことをベースに、ここでは、日常の様々なシーンを想定して母音トレーニングをしましょう。

1 少し高めのトーンで遠くの人へとどけるように

誰かと話すときには、その人までの距離の倍ぐらいを想定して声を出すと、聞き取りやすく好印象に伝わっていきます。母音トレーニングを日常すぐに活かせるように、少し高めのトーンで遠くの人へもスッととどくように声を出しましょう。

2 最後まで顎から口を開けて動かして

会話でも、大勢の人前で話すときでも、長く話すほどに口の動きが悪くなり、声が暗くなってしまいがちです。顎から口を開けて動かしてクリアな母音を意識しましょう。

3 自分の声を聞いてチェック

フレーズごとに、日常シーンを想像して母音トレーニングをしましょう。その自分の声や表情・動作をチェック。より良くなるように工夫していくと上達につながります。

母音で名乗る・敬語・雑談シーン

いつものことばも、耳にスッと入って聞き取りやすければ理解も早く、印象アップ。会話も弾みます。母音トレーニングでいつものことばに磨きをかけましょう。

母音を滑らかに言えるようになったら、それぞれの場面を想像して、気持ちをこめて母音で言いましょう。明るい、丁寧、へりくだったなどの気持ちをこめて言えるようになると、実践で使える滑舌力が身につきます。

【聞き取りやすく名乗る】

初めて聞く相手の声と話し方は、第一印象に大きな影響を与えます。また、名前は一回で聞き取ってもらい、スムーズに会話を進めたいもの。初対面の人と会う場面を想定して声に出してみましょう。

練習したら✔ □□□ 77

初めまして。田山明日香《たやまあすか》と申します。どうぞよろしくお願いいたします。

アイエアイエ。アアアアウアオ　オーイアウ。
オーオ　オオイウ　オエアイイアイアウ。

★初めましては母音アを口を縦に開けて響かせられれば◎。母音オがアに近い曖昧な音にならないように気をつけて。

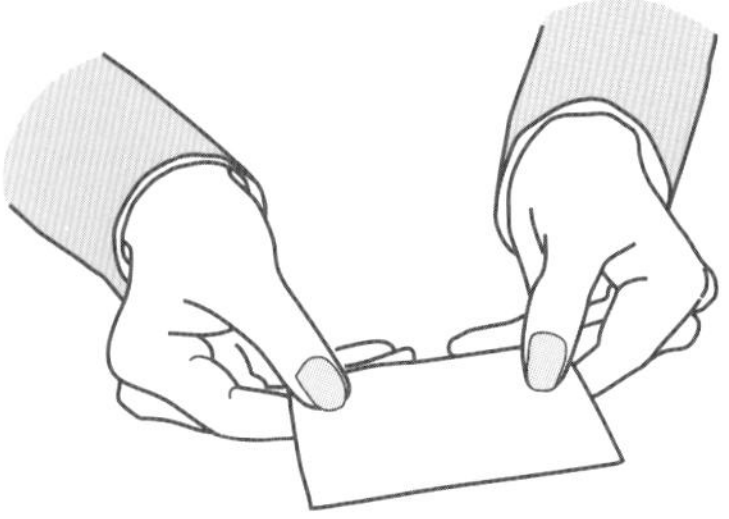

□□□ 78

ソーシャルソリューション株式会社の野波《のなみ》と申します

オーアウ　オウーオン　アウイイアイアオ
オアイオ　オーイアウ

★カタカナ語も日本語で言う場合は一音ずつ母音を出して。オアイ（野波）のオとアは曖昧にならないようにしっかり区別して。

【自分の名前でトレーニング】

○の中に自分の名前の母音を入れて、名乗るときを想定して母音トレーニングしましょう。

初めまして。○○○○○と申します。どうぞよろしくお願いいたします。

アイエアイエ。○○○○○オオーイアウ。
オーオオイウオエアイイアイアウ。

名前は聞き取ってもらいたいもの。でも、言い慣れて雑に言ってしまいがちです。母音で一音ずつ口を開けて動かして丁寧に。相手に名前を受け取ってもらえるよう気持ちをこめて言いましょう。

【敬語をクリアに】

短い敬語でもクリアに聞こえてくると、丁寧な感じが増して気持ちが伝わります。短くても疎かにしないことが大切。繰り返し声出し練習をして、印象良く敬語をとどけましょう。

練習したら✔

□□□ 79

どうぞおかけになってください

オーオ　オアエイアッエ　ウアアイ

★小さいッが入って言いにくい真ん中の部分を滑らかに言えるまで繰り返そう。

□□□ 80

お時間よろしいでしょうか

オイアン　オオイイエオーア

★オは、全て口を縦に開けるように意識して音を響かせるとクリアになる。

□□□ 81

こちらをご覧ください

オイアオ　オアンウアアイ

★一定の速さで言うことを意識して。舌がもつれそうなラ行音も言いやすくなる。

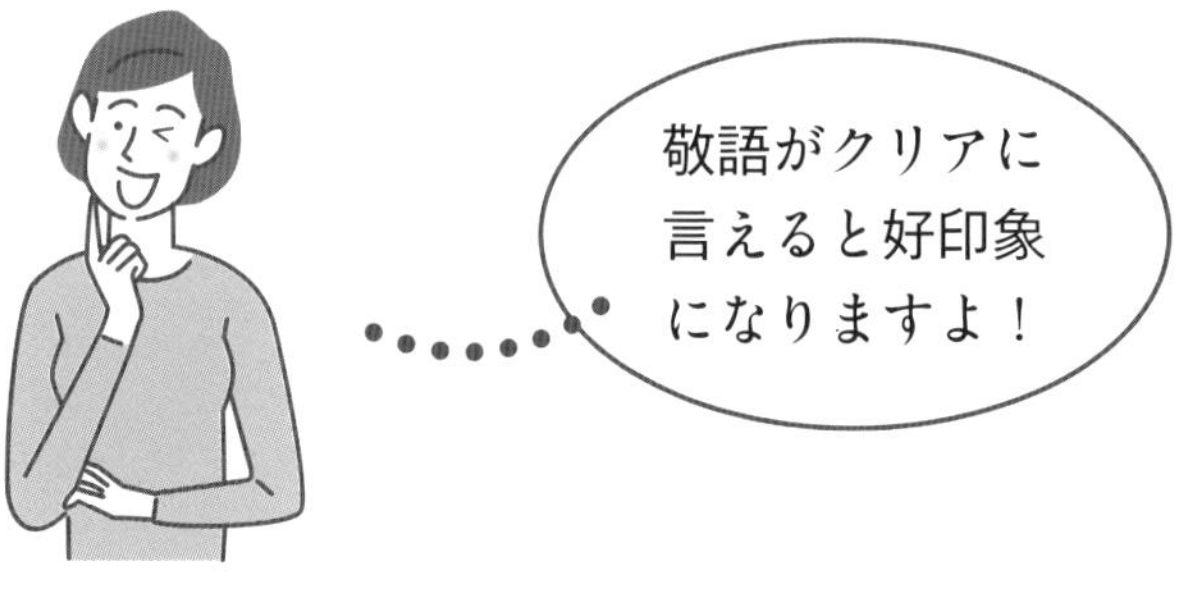
敬語がクリアに
言えると好印象
になりますよ！

□□□ 82

かしこまりました

アイオアイアイア

★毎回アで口をあけて最後まで全て同じ大きさの音で滑らかに言えるように練習を。

□□□ 83

承知いたしました

オーイ イアイアイア

★「しょうち」と書くが「ショーチ」と発音するのが自然。母音は「オーイ」。

□□□ 84

拝見いたしました。すばらしいですね。

アイエンイアイアイア。ウアアイイエウエ。

★早口にならないように文のあいだに間をあける。ンは一拍分とろう。

□□□ 85

感謝申し上げます

アンア オーイアエアウ

★特にアとオは縦を意識して口を開けて音を響かせ声を前にとどけよう。

練習したら✓

□□□ 86

お忘れ物はございませんか?

オアウエオオア オアイアエンア?

★オとアで口を縦に開けて音を響かせて、滑らかに言えるまで繰り返し言ってみよう。

□□□ 87

皆様によろしくお伝えください

イアアアイ オオイウ オウアエウアアイ

★オウアエ(お伝え)は口を動かして正確に、速くならないように気をつけて言おう。

□□□ 88

また、ご連絡させていただきます

アア、オエンアウアエエ イアアイアウ

★オエンアウアエエを一音ずつはっきり言えるように。ンはしっかり一拍分とる。

□□□ 89

お手数ですが、お願いできますでしょうか?

オエウーエウア、オエアイ エイアウエオーア?

★少し長い文は初めから一気に言おうとしないで、ことばの意味で切って練習しよう。

□□□ 90

心ばかりですが、皆さまで召し上がってください

オオオアアイエウア、イアアアエ エイアアッエウアアイ

★喉に力を入れず、一音ずつ丁寧に。最後まで続けて言えるように繰り返そう。

【雑談を印象良く】

雑談に入ったとたんボソボソ話すようでは印象ガタ落ち。クリアなことばで会話を続かせよう。

□□□ 91

お名前は漢字でどのように書くのですか?

オアアエア アンイエ オオオーイ アウオエウア?

★4つのパートに分けたが、それぞれ最初のオ、ア、オ、アからはっきり言おう。

□□□ 92

お好きな食べ物は何ですか?

オウイア アエオオア アンエウア?

★アエオオアは急がずに一音ずつ丁寧に言おう。

コラム

リラッ〜クスで効果アップ

一生懸命トレーニングをしていると、いつのまにか、口周り・舌・喉・首・肩など体に余分な力が入ってしまいがち。すると、口の動きが悪くなったり声を出しにくくなったりと、滑舌に悪影響が出てしまいます。トレーニング前やトレーニング中に体をほぐしてリラックス。ラクに明るい気持ちで声を出してトレーニング効果を高めましょう。

首まわり気持ちい〜い

① 首を前後左右に傾ける
② 首の左右それぞれの斜め前、斜め後ろに傾けて、手で軽くマッサージ。
呼吸も動作もゆっくりと。

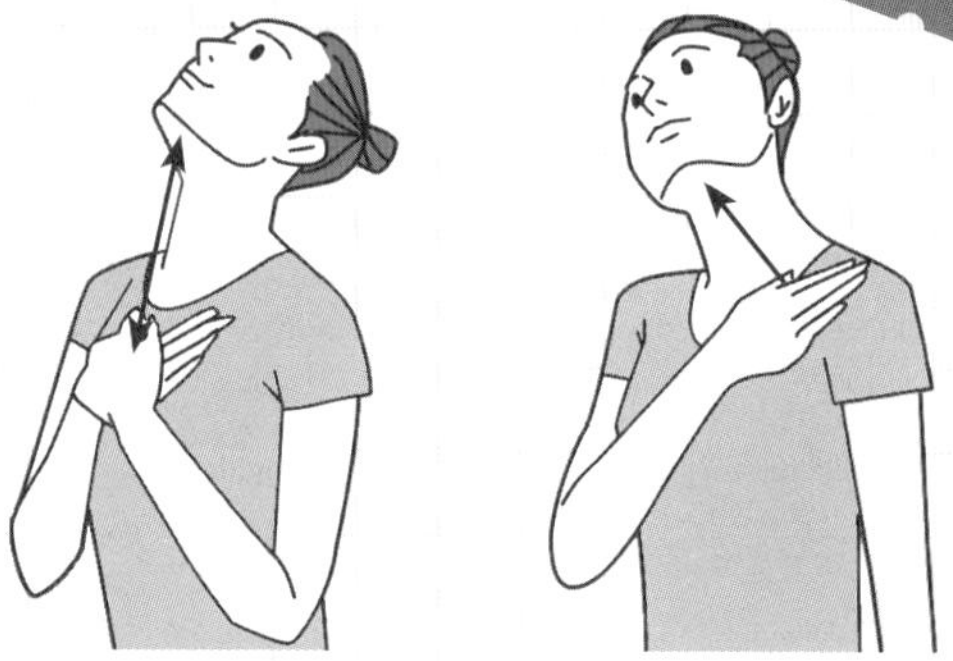

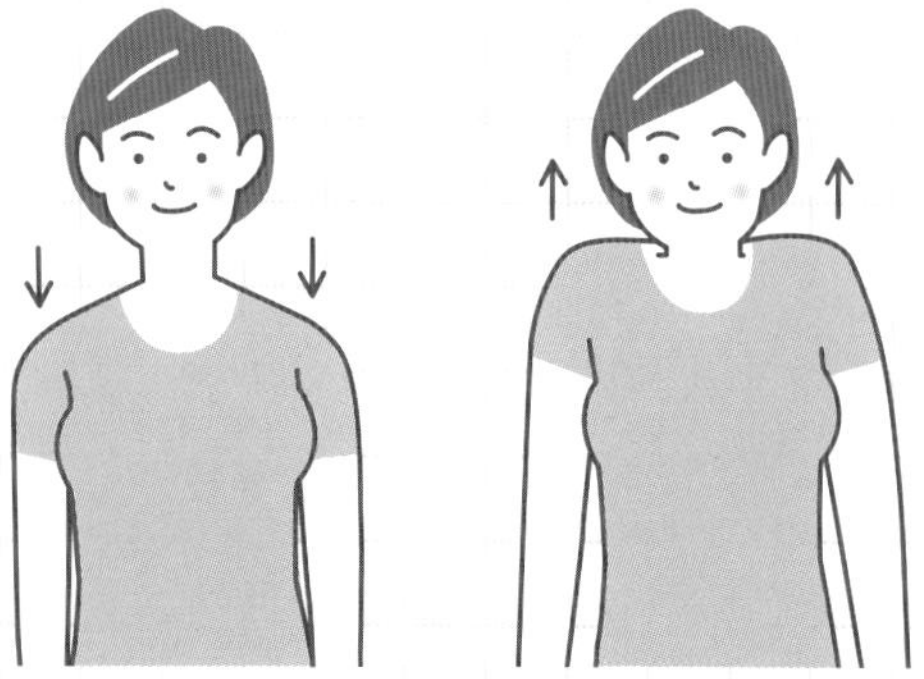

肩ストンフー

① 両肩を思い切り力を入れて上げたら…
② フーッと勢いよく息を吐きながら脱力して肩を落とす。
★力を入れてから一気に脱力するのがポイント

マッサージで口を開けやすく

頬の耳の前部分とこめかみあたりの細かい筋肉をほぐすようにマッサージ。指の腹で力を抜いて優しくゆっくり気持ちよく。

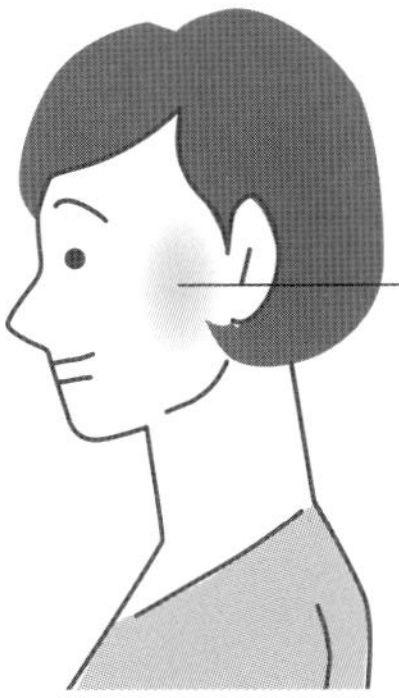

【チェック！】
大きく口を開けて指3本入りますか？

顎を動かして大きく口を開けて……縦に並べた指が3本入ればOK！リラックス＆母音トレーニングで口の開きと口周りの動きをよくしておきましょう。

唇ブルブル

唇を軽く閉じたまま力を抜いて息を吐き、唇をブルブルブル…と震わせてみましょう。

★唇リラックスがポイント。

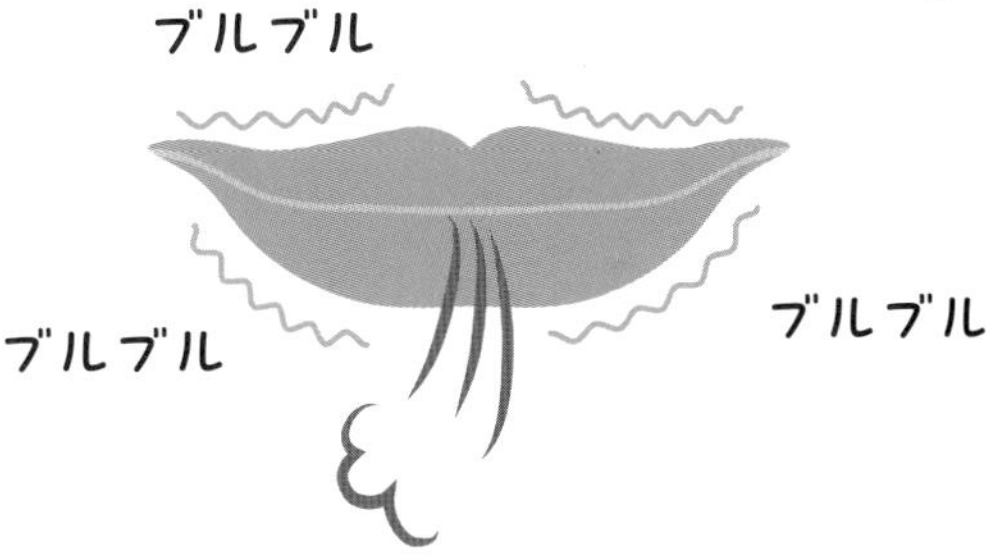

手足をブラブラ

頑張ろうとする余り、手を握りしめていたり、足が固まっていることも。手足をダラッとさせてブラブラブラブラ。気持ちよさを感じるように振ってほぐしましょう。

★人前で話すときにも、事前に体をほぐして体の余分な力を抜いて臨みましょう。

母音で相づち・電話

相づちや電話のことばも母音トレーニングで聞き取りやすくなります。ちょっとした一言でもスッと耳に入って理解しやすくなることで、その場に安心感が生まれ、会話がスムーズに進みます。

短いことばだったり、相手との間に電話を挟んでことばをとどけるので、①②③をより一層意識して母音を正確に響かせましょう！

① お腹の呼吸でゆとりをもって声を出そう。
② 顎から口を開けて動かして、母音の響きを確かめて。
③ 状況を思い浮かべて、母音フレーズも気持ちをこめて言おう。

【母音で相づち】

相づちを聞き返されるようでは困りますね。短いことばで気持ちが伝わるように、母音トレーニングでクリアで好印象な相づちを目覚しましょう。

はい
アイ

そうですか
オーエウア

なるほど
アウオオ

すてきです
ウエイエウ

いいえ
イーエ

そうなんですね
オーアンエウエ

すごいですね
ウオイエウエ

わかりました
アアイアイア

おっしゃるとおりです
オッアウオーイエウ

面白いですね
オオイオイエウエ

知りませんでした
イイアエンエイア

さすがです
アウアエウ

【電話を聞き取りやすく】

母音トレーニングをすると、電話の声が聞き取りやすくなります。的確に母音が響くことで、電話を通して『声という音』がとどきやすくなるからです。電話でよく使うことばを母音でトレーニングしておきましょう。

練習したら✓

□□□ 93

お電話ありがとうございます

オエンア アイアオーオアイアウ

★オエンアの後に少し間を空けておちついて言おう。

□□□ 94

○○でございます（○の中に自分の名前や会社名を入れて言う）

○○エオアイアウ

★名前の部分は、母音でも元のフレーズでもゆっくり言おう。

□□□ 95

いつもお世話になっております

イウオオエアイ
アッ エオイアウ

★早口になる人が多いので、母音も元のフレーズも一音ずつ丁寧に言うことを心がけよう。

□□□ 96

少々おまちいただけますでしょうか

オーオー オアイ
イアアエアウエオーア

★サ・タ行が入って言いにくい場合は、母音で口を大きく開けて動かすようにしよう。

□□□ 97

ご用件を伺ってもよろしいでしょうか

オオーエンオ ウアアッエオ
オオイイエオーア

★小さいッや長音ーの部分は一拍分伸ばして、急がずに言おう。

練習したら✓

□□□98

ただいま席をはずしております

アアイア　エイオ
アウイエオイアウ

★口を縦横に動かす必要がある。口周りや喉あたりの余分な力を抜いてラクに動かそう。

□□□99

折り返しお電話させていただきます

オイアエイ　オエンア
アエエイアアイアウ

★「させていただきます」をクリアに言えるように、母音の後半部分を滑らかに言えるまで繰り返そう。

□□□100

皆様によろしくお伝えください

イアアアイ　オオイウ
オウアエウアアイ

★オウアエ（お伝え）は口を動かして正確に、速くならないように気をつけて言おう。

□□□101

また、ご連絡いたします

アア、オエンアウ
イアイアウ

★オエンアウイアイアウを一音ずつはっきり言えるようにしよう。ンはしっかり一拍分とること。

□□□102

どうぞ、お大事になさってください

オーオ、オアイイイ
アアッエウアアイ

★オーオの伸ばす部分やアアッエの小さいツも、他の音と同様に1拍分とって言おう。

□□□103

お手数ですが、お願いできますでしょうか？

オエウーエウア、オエアイ
エイアウエオーア？

★初めから一気に言おうとしないで、ことばの意味で切って練習しよう。

母音で名前はっきり

名前を呼ぶときも、自分が名乗るときも、名前は聞き間違いがないようにはっきり言いたいですね。似ているけれど違う名字は要注意です。様々な名前を用意しました。母音で10回言ってから元の名前を言ってみましょう。

アキさん
アイアン
オキさん
オイアン
オクさん
オウアン

ナガミさん
アアイアン
ネガミさん
エアイアン
ノガミさん
オアイアン

カモシタさん
アオイアアン
カメシタさん
アエイアアン
コモシタさん
オオイアアン

ウオヤマさん
ウオアアアン
オオヤマさん
オーアアアン
オオエヤマさん
オーエアアアン

ハナヤマさん
アアアアアン
フナヤマさん
ウアアアアン
ハネヤマさん
アエアアアン

マエヤマさん
アエアアアン
マイヤマさん
アイアアアン
マユヤマさん
アウアアアン

クラシマさん
ウアイアアン
クロシマさん
ウオイアアン
クレシマさん
ウエイアアン

名まえをクリアに
言えるようになると
好印象でもありますね。

母音で攻略　言いにくいアノことば

言いにくいことばの数々にも母音トレーニングは強い味方。母音で声に出せば出すほど言いやすくなる！　聞き取りやすくなる！　自信を持ってとどく声で言えるようになる！

母音で10回言ってから元のことばで言いましょう。必要に応じて母音トレーニングをプラス10回おかわり。諦めていたことばにチャレンジ！

ココに気をつけて

- ☑ゆったり大きな呼吸でとどく声
- ☑口を大きく開けて動かして
- ☑気持ちを上げて明るい声で

★さらに、母音トレーニング後に元のことばで言うときは、引っかかりやすい音だけを意識してゆっくり言おう。しっかり口慣らしできてから普通のはやさにするのがポイント。

切実
エウイウ

如実
オイウ

老若男女
オーアウアンオ

マサチューセッツ州
アアウーエッウ ウー

骨粗鬆症
オウオオーオー

最優秀指揮者賞
アイウーウーイイアオー

シミュレーション
イウエーオン

ジャズ歌手シャンソン歌手
アウアウ アンオンアウ

社内調査書
アアイオーアオ

温かくなる肩たたき機
アアアアウアウ アアアアイイ

ギョシャ座
オアア

コラム

高低長短 声の幅を広げよう

話すときには、高い音、低い音、長く伸ばす音、短い音などを的確に使い分けることで、表情のある聞き取りやすい話し方になります。でも、これらをうまく使えないと、一本調子の聞いていて眠くなる話し方に。高・低・長・短を意識して母音を出し、声に磨きをかけて表現の幅を広げましょう。

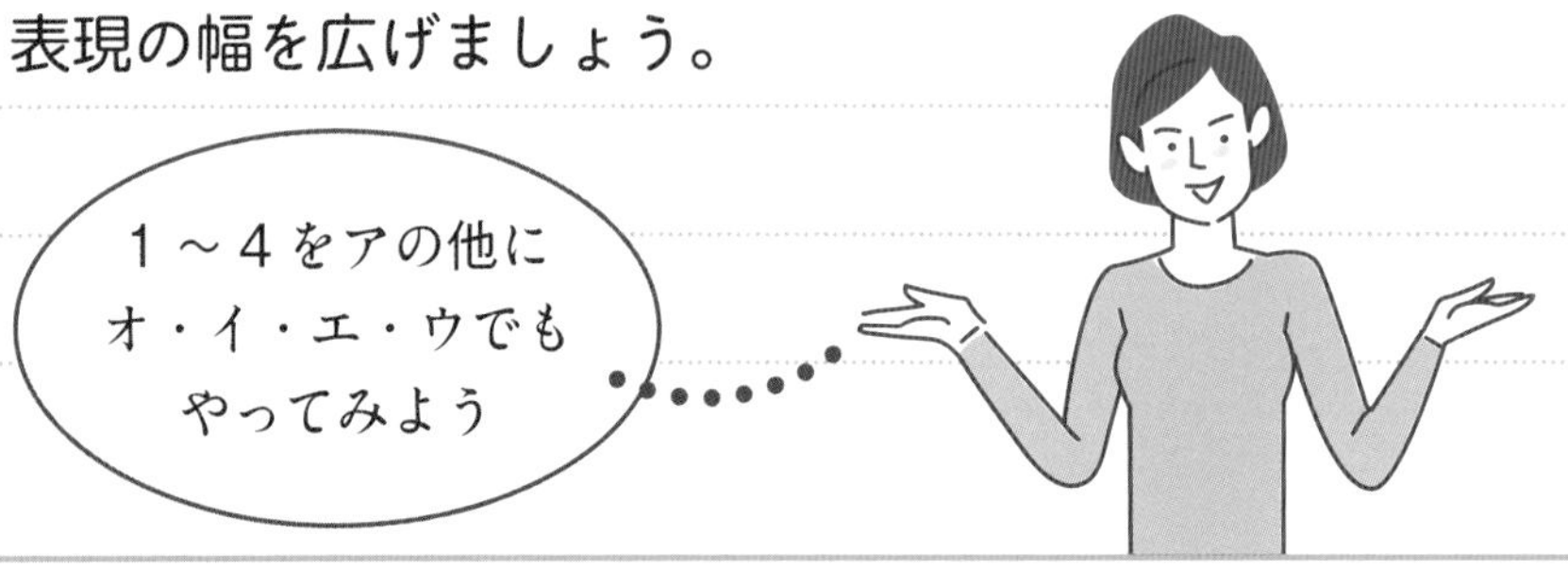

1 アーで大きくうねろう

一息で、ゆったり大きく同じ大きさの音で❶❷の繰り返し。

❶ 3秒で自分の出せる一番低い音から一番高い音へ

❷ 3秒で自分の出せる一番高い音から一番低い音へ

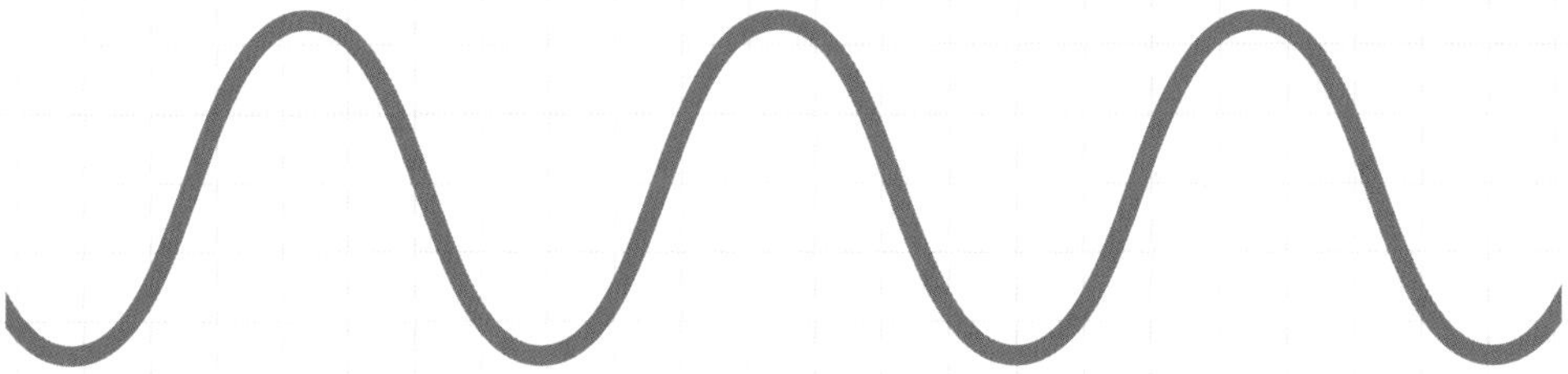

★顎から口を縦に大きく開けて、音を響かせて

★口周りや体の余分な力を抜いて、楽しい気持ちで

2 短い音を出してみよう

一息で、同じ大きさの短いアを言えるだけ言う。

アッ　アッ　アッ　……

★喉に力が入って詰まった音にならないように気をつけよう。

★喉や口周りに力が入りすぎないように気をつけて、ゆったり大きくお腹で息を吸って、お腹からの声を出そう。

3 2拍と1拍を使い分けよう

2拍＋1拍＋1拍を、一息で言えるだけ言う。

アー　ア　ア　アー　ア　ア……

★喉や口周りの余分な力を抜いて、音を響かせ前へ。

★同じ大きさの音で一音ずつはっきりと

4 アをできるだけ伸ばそう

一息でアを伸ばし続ける。

ア――――――――……

★同じ大きさの音で揺らがないように

母音でビジネス・会議・イベントシーン

【ビジネスで】

ビジネスシーンでは、当然のこととしてクリアに話すことが求められます。母音トレーニングで、現場に即対応できるように備えましょう。

練習したら✓

□□□104

一度持ち帰って、検討させていただきます

イイオ オイアエッエ、エンオー アエエイアアイアウ

★「させていただきます」は口を大きく開けて母音で言うことで言いやすくなります。

□□□105

早速ですが、何点か質問させていただいてもよろしいでしょうか？

アッオウエウア、アンエンア イウオンアエエイアアイイエオ オオイイエオーア？

★大きく口を開けて動かすことを意識すると難しいサ行も言いやすくなります。

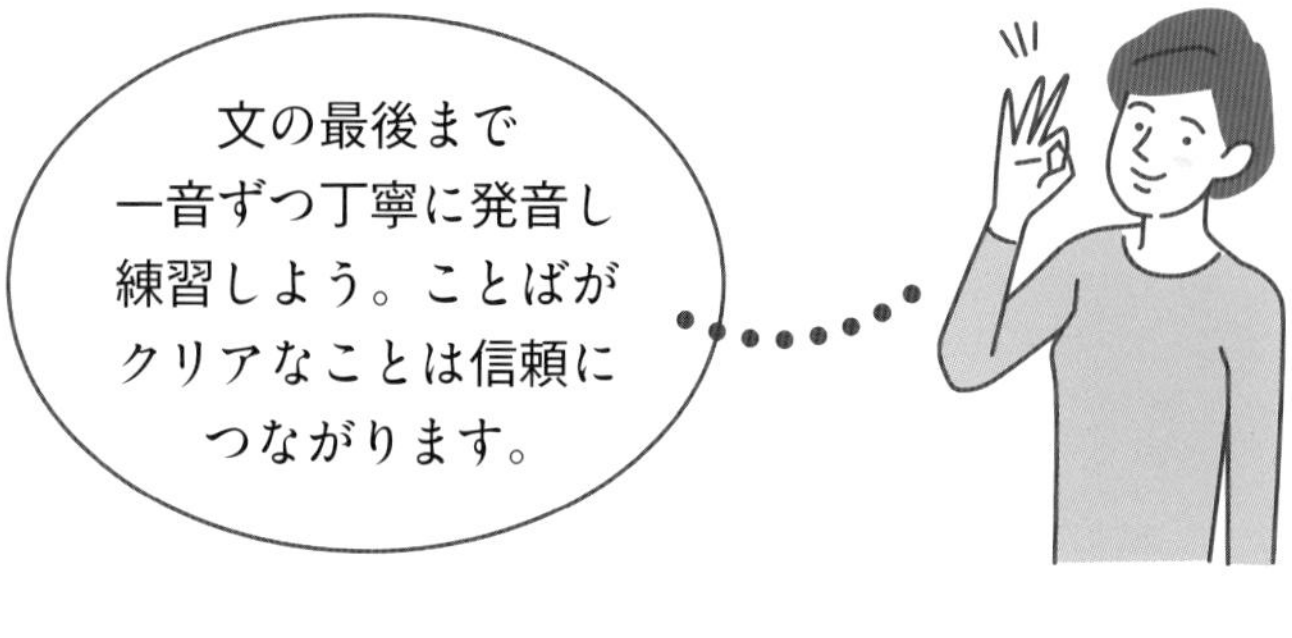

文の最後まで一音ずつ丁寧に発音し練習しよう。ことばがクリアなことは信頼につながります。

【会議でも】

□□□106

時間になりましたのでミーティングを始めます

イアンイ　アイアイアオエ　イーインウオ　アイエアウ

★最初のイからはっきり発音。アイアイアオエは交互に出てくるアで口を素早く開ける。母音を響かせて安定した説得力のある話し方をしよう。

□□□107

今日は皆さんで有意義な時間にしていきましょう

オーア　イアアンエ　ウーイイア　イアンイ　イエイイアオー

★有意義はユイギではなくユーイギ。母音はウーイイ。「ー」で一拍分伸ばそう。

□□□108

貴重なご意見をありがとうございます

イオーア　オイエンオ　アイアオー　オアイアウ

★元のことばをさほど言いにくいと感じないかも知れませんが、クリアに聞こえるかは別の話。口を開けて動かして母音を響かせ、クリアに言えるように練習しよう。

109

これまでの内容で質疑応答の時間とさせていただきます。ご質問のある方は、挙手にてお願いいいたします。私が指名させていただきます。

オエアエオアイオーエ　イウイオーオーオイアンオ　アエエイアアイアウ。オイウオンオアウアアア、オウイエ　オエアイイアイアウ。アアウイア　イエーアエエ　イアアイアウ。

★「進行内容の説明は、1回で聞き取ってすぐに理解してもらえるようクリアに言いたいもの。母音の文全体を、口を開けて動かして音を響かせ、意味に合ったアクセントやイントネーションで滑らかに言えるまでくり返し練習しよう。その後に元の文を言ってみると、言いやすさも聞き取りやすさも変わっているはず。

【イベントの司会】

司会などで大勢の人前で話すときには、いつもより声を張ってはっきりことばをとどける必要があります。本番でラクに通る声を出せるように、母音トレーニングをするときから声を張ることを意識しておきましょう。

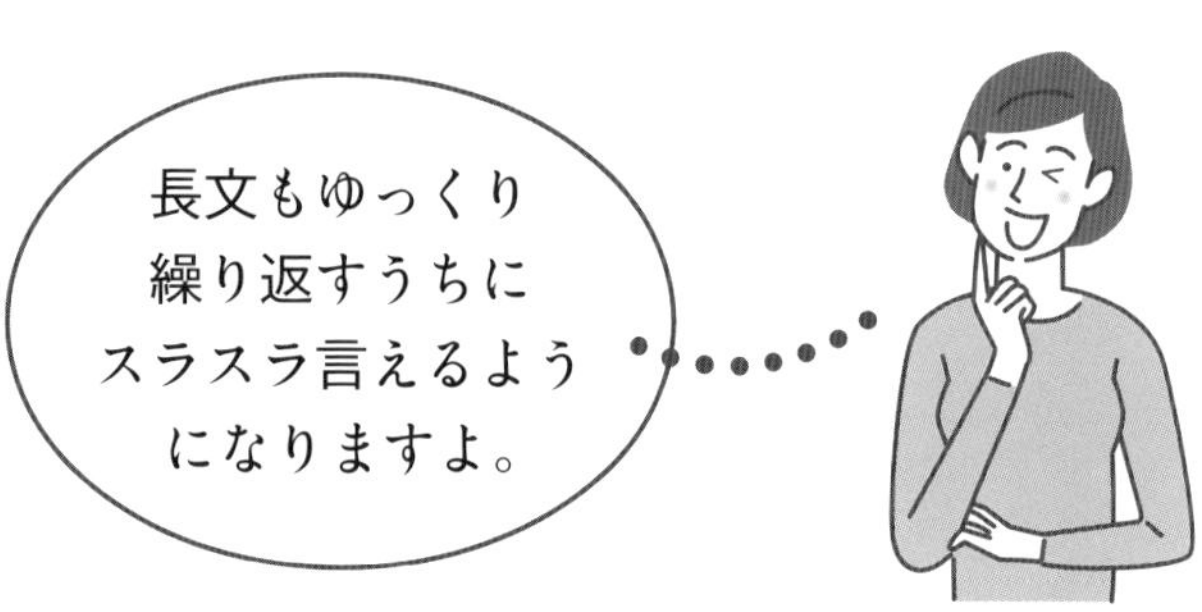
長文もゆっくり
繰り返すうちに
スラスラ言えるよう
になりますよ。

□□□110

皆様、お忙しいところ祝賀会にお集まりいただきありがとうございます

イアアア、オイオアイイオオオ　ウウアアイイ
オアウアイイアアイ　アイアオーオアイアウ

★イベントの始まりは、明るくクリアに印象良く言って引きつけたいもの。そのために母音練習は有効です。ア・オで顎から口を縦に開け、明るく音を響かせましょう。

□□□111

初めに、主催者よりご挨拶申し上げます

アイエイ、ウアイアオイ　オアイアウ　オーイアエアウ

★ウアイアオイの、アの口を素早く縦に開けて言えるようになると、引っかかりやすい「主催者より」が言いやすくなる。

□□□112

皆さんで乾杯をしましょう

イアアンエ　アンアイオ　イアオー

★明るく言いたいこのことばは、ぜひ母音練習を。大きく口を開けて動かして母音を明るく響かせよう。

□□□113

宴もたけなわではございますが、この辺でお開きとさせていただきます

エンオ　アエアエア　オアイアウア、オオ
エンエ　オイアイオ　アエエイアアイアウ

★賑やかな会場で声が通らないのは残念。母音がクリアにとどくということは、声が通るということ。ゆったり大きな呼吸でお腹からの息で母音を響かせよう。

【乾杯の発声】
乾杯の発声を頼まれたら、明るくはっきりお祝いの気持ちをこめて声をとどけましょう。

□□□114

さらなるご発展とご出席の皆様のご健勝を祈念いたしまして、乾杯！

アアアウ　オアッエンオ　オウッエイオ　イアアアオ
オエンオーオ　イエン　イアイアイエ、アンアイ！

★乾杯の発声は、クリアで明るく、力強さもほしい。母音練習では、小さい「ッ」は一拍分跳ねるように、伸ばす「ー」は一拍分伸ばすように意識して、全体をはっきり・滑らかに。お腹でゆったり大きく息を吸って声を前へ出し母音を響かせよう。

おわりに

私が母音を意識し始めたのは新人アナウンサー時代です。滑舌が良くなかった私は、あるとき先輩アナウンサーから「クロ」と「クラ」が同じように聞こえると注意され、母音を正確に発音することの大切さに気付きました。以後練習に取り入れ、滑舌全体が良くなっていったことを覚えています。その後、体を壊して滑舌に大きく支障が出たときにも、母音をトレーニングして滑舌回復の大きな助けとなりました。

今はセミナーや講演で母音トレーニングを取り入れていますが、その場ですぐにことばの言いやすさや聞き取りやすさが変わることに、皆さまが驚かれます。

このように母音トレーニングは効果があるとわかっても、自分一人で母音を取り出して声出し練習するのは大変です。そこで、手軽に母音トレーニングをしていただければと、このドリルをまとめました。私自身の経験から、そして皆さまの声から、滑舌を良くしたい、話し方を改善したいすべての方のお役にたてると考えています。

このドリルは１回で終わりにせず、何度も声に出してみてください。そうすることで、頭だけでなく体で覚えて、いつでもはっきり印象良く話せるようになっていきます。

将来のご自身を楽しみに、このドリルを身近な所に置いて楽しみながら続けていただけますと幸いです。

母音トレーニングが、皆さまの輝く明日につながることを願っています。

花形　一実

■ 著者プロフィール
花形　一実（はながた　ひとみ）
「滑舌＆伝える力を上げて輝く明日へ!」
Communication Wing代表
滑舌・話し方＆アナウンス講師・アナウンサー

元テレビ静岡（フジテレビ系列）アナウンサー。テレビ、ラジオ番組で、ニュース・情報・科学・経済・娯楽番組などのキャスター、リポーター、司会として様々な現場で活動すること20年以上。番組作りにも深く関わる。現在、一般からプロまでの、滑舌・話し方やアナウンスの指導に力を入れている。具体的事例や実習をふんだんに取り入れた内容で、企業、官公庁、アナウンススクール、中学高校等での講演多数。著書『１日３分で変わる！社会人のための滑舌ドリル』『会話力があがる大人のはきはき滑舌上達ドリル』『ボケない大人のはきはき滑舌ドリル』（以上メイツ出版）ほか。
ホームページ　http://www.shigotodehanasu.com（仕事で話す.com）

参考文献：『NHK日本語発音アクセント新辞典』（NHK放送文化研究所編／NHK出版）

■ 編集・制作：有限会社イー・プランニング
■ 編集協力：石井　栄子
■ デザイン・DTP：大野　佳恵
■ イラスト：Kana129、中島　慶子、イラストAC

話し方が変わる！
母音ではきはき 大人の「滑舌」改善ドリル
5音×1日3分で表情・脳・口腔内を活性化！

2024年7月30日　第１版・第１刷発行

著　者　花形　一実（はながた　ひとみ）
発行者　株式会社メイツユニバーサルコンテンツ
　　　　代表者　大羽　孝志
　　　　〒102-0093 東京都千代田区平河町一丁目1－8
印　刷　株式会社厚徳社

ISBN978-4-7804-2923-7 C2081 Printed in Japan.

ご意見・ご感想はホームページから承っております
ウェブサイト　https://www.mates-publishing.co.jp/

企画担当：折居　かおる